Educação e letramento

FUNDAÇÃO EDITORA DA UNESP

Presidente do Conselho Curador
Mário Sérgio Vasconcelos

Diretor-Presidente
José Castilho Marques Neto

Editor-Executivo
Jézio Hernani Bomfim Gutierre

Assessor Editorial
João Luís Ceccantini

Conselho Editorial Acadêmico
Alberto Tsuyoshi Ikeda
Áureo Busetto
Célia Aparecida Ferreira Tolentino
Eda Maria Góes
Elisabete Maniglia
Elisabeth Criscuolo Urbinati
Ildeberto Muniz de Almeida
Maria de Lourdes Ortiz Gandini Baldan
Nilson Ghirardello
Vicente Pleitez

Editores-Assistentes
Anderson Nobara
Fabiana Mioto
Jorge Pereira Filho

COORDENAÇÃO DA COLEÇÃO PARADIDÁTICOS

Ernesta Zamboni
João Luís C. T. Ceccantini
Raquel Lazzari Leite Barbosa
Raul Borges Guimarães
Pedro Goergen (Série Educação)

MARIA DO ROSÁRIO
LONGO MORTATTI

Educação e letramento

4ª reimpressão

COLEÇÃO PARADIDÁTICOS
SÉRIE EDUCAÇÃO

© 2004 Editora UNESP

Direitos de publicação reservados à:
Fundação Editora da UNESP (FEU)
Praça da Sé, 108
01001-900 – São Paulo – SP
Tel.: (0xx11) 3242-7171
Fax: (0xx11) 3242-7172
www.editoraunesp.com.br
feu@editora.unesp.br

Capa: Isabel Carballo

CIP – Brasil. Catalogação na fonte
Sindicato Nacional dos Editores de Livros, RJ

M861e

Mortatti, Maria do Rosário Longo
    Educação e letramento / Maria do Rosário Longo Mortatti. - São Paulo : UNESP, 2004
    136p. : il. -(Coleção Paradidáticos ; Série Educação)

    Contém glossário
    Inclui bibliografia
    ISBN 85-7139-559-4

    1. Educação - Brasil. 2. Educação de adultos - Brasil. 3. Alfabetização - Aspectos sociais - Brasil. 4. Letramento - Aspectos sociais - Brasil. 5. Leitura. I. Título. II. Série.

04-2375.   CDD 370.981
                                              CDU 37(81)

EDITORA AFILIADA:

Asociación de Editoriales Universitarias de América Latina y el Caribe

Associação Brasileira de Editoras Universitárias

A COLEÇÃO PARADIDÁTICOS UNESP

A Coleção Paradidáticos foi delineada pela Editora UNESP com o objetivo de tornar acessível a um amplo público obras sobre *ciência* e *cultura*, produzidas por destacados pesquisadores do meio acadêmico brasileiro.

Os autores da Coleção aceitaram o desafio de tratar de conceitos e questões de grande complexidade presentes no debate científico e cultural de nosso tempo, valendo-se de abordagens rigorosas dos temas focalizados e, ao mesmo tempo, sempre buscando uma linguagem objetiva e despretensiosa.

Na parte final de cada volume, o leitor tem à sua disposição um *Glossário*, um conjunto de *Sugestões de leitura* e algumas *Questões para reflexão e debate*.

O *Glossário* não ambiciona a exaustividade e nem pretende substituir o caminho pessoal que todo leitor arguto e criativo percorre, ao dirigir-se a dicionários, enciclopédias, sites da Internet e tantas outras fontes, no intuito de expandir os sentidos da leitura que se propõe. O tópico, na realidade, procura explicitar com maior detalhe aqueles conceitos, acepções e dados contextuais valorizados pelos próprios autores de cada obra.

As *Sugestões de leitura* apresentam-se como um complemento das notas bibliográficas disseminadas ao longo do texto, correspondendo a um convite, por parte dos autores, para que o leitor aprofunde cada vez mais seus conhecimentos sobre os temas tratados, segundo uma perspectiva seletiva do que há de mais relevante sobre um dado assunto.

As *Questões para reflexão e debate* pretendem provocar intelectualmente o leitor e auxiliá-lo no processo de avaliação da leitura realizada, na sistematização das informações absorvidas e na ampliação de seus horizontes. Isso, tanto para o contexto de leitura individual quanto para as situações de socialização da leitura, como aquelas realizadas no ambiente escolar.

A Coleção pretende, assim, criar condições propícias para a iniciação dos leitores em temas científicos e culturais significativos e para que tenham acesso irrestrito a conhecimentos socialmente relevantes e pertinentes, capazes de motivar as novas gerações para a pesquisa.

Para Lélia Abramo *(in memoriam)*

Elogio do aprendizado

Bertold Brecht

Aprenda o mais simples! Para aqueles
Cuja hora chegou
Nunca é tarde demais!
Aprenda o ABC; não basta, mas
Aprenda! Não desanime!
Comece! É preciso saber tudo!
Você tem que assumir o comando.

Aprenda, homem no asilo!
Aprenda, homem na prisão!
Aprenda, homem na cozinha!
Aprenda, ancião!
Você tem que assumir o comando!
Frequente a escola, você que não tem casa!
Adquira conhecimento, você que sente frio!
Você que tem fome agarre o livro: é uma arma.
Você tem que assumir o comando.

Não se envergonhe de perguntar, camarada!
Não se deixe convencer
Veja com seus olhos!
O que não sabe por conta própria
Não sabe.
Verifique a conta
É você que vai pagar.
Ponha o dedo sobre cada item
Pergunte: O que é isso?
Você tem que assumir o comando.

SUMÁRIO

INTRODUÇÃO **11**

CAPÍTULO 1
Analfabetismo, alfabetização, escola e educação **15**
Uma dívida secular **15**
O analfabetismo no Brasil **17**
Escola e alfabetização do povo **29**
Antigos problemas, novas necessidades, outras questões **34**

CAPÍTULO 2
De "analfabeto" a "letramento" **37**
Em dicionários gerais da língua portuguesa **37**
Em dicionários técnicos de alfabetização e linguística **42**

CAPÍTULO 3
Das primeiras letras ao letramento **49**
Antes das primeiras letras **49**
A descoberta do analfabeto e do analfabetismo **51**
A escolarização do ensino da leitura e da escrita **54**
Contra o analfabetismo, a alfabetização do povo **58**
Alfabetização na educação renovada **61**
A alfabetização não basta mais **69**

CAPÍTULO 4
De "literacy" a "letramento" **83**
"Literacy": alfabetismo, letramento **83**
Letramento no Brasil: o conhecimento em construção **86**
Um conceito plural, uma síntese possível **95**

CAPÍTULO 5

Letramento, alfabetização, escolarização e educação **98**
Cultura escrita e sociedade letrada **98**
Leitura e escrita **100**
Dimensões individual e social do letramento **101**
Letramento e alfabetização **107**
Letramento e escolarização **110**

CONSIDERAÇÕES FINAIS **117**

GLOSSÁRIO **122**
SUGESTÕES DE LEITURA **125**
QUESTÕES PARA REFLEXÃO E DEBATE **129**
APÊNDICE **130**

INTRODUÇÃO

Se "educação" é uma palavra conhecida e utilizada em seus diferentes significados, o mesmo não se pode afirmar em relação a "letramento". Em nosso país, esta palavra começou a ser utilizada nos anos 80 por pesquisadores das áreas de Educação e Linguística, e, gradativamente, vem ganhando visibilidade em outros espaços da sociedade.

Até por se tratar de uma palavra recente, nem sempre são idênticos os significados que lhe vêm sendo atribuídos nesses diferentes espaços, assim como os objetivos com que é utilizada. A relação mais imediata de "letramento" ocorre com "alfabetização". Embora alfabetização não seja pré-requisito para letramento, este está relacionado com a aquisição, utilização e funções da leitura e escrita em sociedades letradas, como habilidades e conhecimentos que precisam ser ensinados e aprendidos, estando relacionado também com a escolarização e a educação e abrangendo processos educativos que ocorrem em situações tanto escolares quanto não escolares.

Trata-se, portanto, de fenômenos complexos que mantêm entre si relações também complexas. A fim de evitar reducionismos e conclusões precipitadas, o objetivo deste livro é apenas introduzir o leitor no estudo das relações entre educação e letramento, propiciando-lhe condições de aprofundamento conforme seus interesses e necessidades.

Para tanto, optei por abordar o tema de uma perspectiva diacrônica e sincrônica, com ênfase na situação do Brasil, por meio de método de exposição centrado na síntese de certo conjunto de aspectos selecionados de maneira inevitavelmente provisória e, até certo ponto, arbitrária. A provisoriedade refere-se especialmente aos aspectos relacionados com letramento e se deve ao fato de que, dada sua recente introdução em nosso país, são ainda fluidos e relativamente imprecisos os usos e significados dessa palavra e as definições e conceitos correspondentes, assim como se encontra ainda em construção o conhecimento a respeito. A relativa arbitrariedade, por sua vez, decorre da necessidade de síntese, sobretudo dos aspectos que considero de interesse mais direto para a abordagem do tema deste livro e para os objetivos propostos, sem a pretensão, portanto, de contemplar todos os movimentos e tensões existentes do ponto de vista diacrônico e sincrônico.

Advirto que, dadas as opções mencionadas, para não sobrecarregar o texto com informações muito detalhadas, foi necessário utilizar o recurso das citações e das notas de rodapé; mas, se o leitor preferir não interromper a leitura, é sempre possível voltar a elas em momentos posteriores, para se orientar mais detidamente nas possibilidades de reflexão sobre o tema e seus problemas.

À guisa de introdução, partindo de constatações atuais sobre o problema do analfabetismo e de propostas para sua solução no Brasil, apresento, no Capítulo 1, dados a respeito da persistência histórica do analfabetismo em suas relações com alfabetização, escola e educação, buscando situar a função e a importância estratégica da escolarização das práticas sociais de leitura e escrita, no âmbito de um ideal republicano de educação do povo. Nos capítulos 2 e 3, apresento considerações a respeito das palavras "analfabeto", "analfabetismo", "alfabetização", "alfabetizar", "alfabetizado", "alfabetismo", "letramento", "letrado" e "iletrado", por meio da análise dos significados e sentidos que lhes foram sendo atribuídos em três dicionários da língua portuguesa publicados nos séculos XIX e XX, em três dicionários técnicos recentes e na história da educação e da alfabetização, desde o Brasil-Colônia até os dias atuais. No Capítulo 4, detenho-me nas definições e considerações sobre letramento contidas em textos acadêmicos produzidos por brasileiros, a partir da década de 1980. No Capítulo 5, exponho os principais aspectos comuns a esse conhecimento em construção: cultura escrita, sociedade letrada, leitura e escrita, dimensões social e individual do letramento, relações entre letramento, alfabetização, escolarização e educação. E, à guisa de conclusão, apresento algumas considerações a respeito do que foi exposto nos capítulos anteriores.

Para melhor compreensão e aprofundamento do tema, apresento, na sequência, questões para reflexão e debate, sugestões de textos básicos e um pequeno glossário, contendo termos e expressões cuja definição explícita não foi inserida no texto a fim de evitar digressões e dispersão de sentidos. Ao final do livro, em apêndice, encontram-se quadros com a evolução dos significados dos termos em análise nos dicionários gerais e em um dicionário técnico, todos eles abordados no Capítulo 2.

Apesar de sua complexidade e inevitável provisoriedade, espero que esta introdução ao estudo das relações entre educação e letramento no Brasil possa servir como uma espécie de mapa a orientar todos os interessados em contribuir, de diferentes formas, para a efetiva conquista de direitos básicos dos cidadãos brasileiros e para o adequado cumprimento do dever do Estado.

■

1 Analfabetismo, alfabetização, escola e educação

Uma dívida secular

Saber ler e escrever, saber utilizar a leitura e a escrita nas diferentes situações do cotidiano são, hoje, necessidades tidas como inquestionáveis tanto para o exercício pleno da cidadania, no plano individual, quanto para a medida do nível de desenvolvimento de uma nação, no nível sociocultural e político. É, portanto, dever do Estado proporcionar, por meio da educação, o acesso de todos os cidadãos ao direito de aprender a ler e a escrever, como uma das formas de inclusão social, cultural e política e de construção da democracia.

No Brasil, muitas têm sido as dificuldades para que se efetivem plenamente esse dever do Estado e direito do cidadão. E, para enfrentá-las, não têm faltado iniciativas emergenciais e estruturais por parte do poder público e da sociedade civil brasileira, como exemplifica o conteúdo do trecho a seguir, extraído de um artigo de Cristovam Buarque datado de 2003 e divulgado logo após sua posse no cargo de ministro de Estado da Educação, durante o governo do presidente da República Luiz Inácio Lula da Silva.

O Brasil ainda tem vinte milhões de analfabetos. As elites que governaram este país nos seus quinhentos anos de história são responsáveis por essa triste estatística. Mas a sociedade não pode mais ficar impassível diante desses números. [...] Um país que produz aviões, exporta automóveis, tem hidrelétricas e tanta riqueza não pode negar a vinte milhões de seus filhos o direito de ler e escrever. [...] Nós não temos o direito de viver com essa vergonha e muito menos de deixá-la para gerações que venham depois de nós.[...] Não podemos nos esquecer da valorização dos professores nesse processo. [...] Vamos aproveitar cada minuto, todos os espaços, a disposição de cada um e todos os métodos disponíveis, ou que venham a surgir, para fazer a educação caminhar sejam quais forem suas limitações financeiras, as dificuldades legais, os impedimentos. A história se faz com a vontade dos homens e daqueles que os lideram. [...] Nós vamos, sim, fazer uma escola ideal neste país. Nossa geração tem a obrigação de construir a escola que o Brasil, há quinhentos anos, deve aos seus filhos. [...] se conseguirmos igualdade na educação, vamos reduzir todas as outras desigualdades.[1]

"No calor da hora" do início da gestão de um presidente da República pertencente a um partido político representante dos trabalhadores e que, pela primeira vez na história da República em nosso país, alcançou o poder, o então ministro da Educação divulga, com entusiasmo, suas propostas de trabalho e as do novo governo.

Ressaltando o direito de toda pessoa aprender a ler e escrever, o ministro denuncia a vergonha que o analfabetismo representa para o país e, para enfrentá-lo, enfatiza a responsabilidade que tem nossa geração de saldar com urgência uma dívida histórica do Brasil com seus filhos: a da construção da escola ideal. Para fazer a "educação caminhar" a despeito das muitas limitações, conclama entusiastica-

---

1 BUARQUE, Cristovam. Mania de educação. 2003. *O Globo On*. Disponível em <http://www..mec.gov.br/acs/asp/ministro/uparq/2003>. Acesso em 6 mar. 2004.

mente toda a sociedade a aproveitar todo o tempo, todos os espaços, todas as disposições pessoais, todos os métodos de ensino, sem esquecer a valorização dos professores. Somente assim será possível propiciar aos analfabetos o direito de ler e escrever, conseguir a igualdade da educação e, por meio dela, a redução de todas as outras desigualdades.

As denúncias e propostas desse ministro evidenciam a persistência tanto do complexo problema do analfabetismo quanto de tentativas de solução centradas na também histórica relação entre alfabetização, escola e educação.

O analfabetismo no Brasil

No Brasil, desde o período colonial, existia um grande número de pessoas que não sabiam ler e escrever. Mas essa situação emergiu como um problema de ordem eminentemente política no final do período imperial, com a proibição do voto dos analfabetos (Lei da Câmara dos Deputados de 1881/Lei Saraiva, de 1882), e se fortaleceu pela maior circulação de ideias do liberalismo e pelo sentimento patriótico suscitado pela divulgação internacional da taxa de analfabetismo revelada pelo censo de 1890, já no período republicano.

O voto (facultativo) dos analfabetos voltou a ser garantido na Constituição de 1988. Entretanto, o analfabetismo foi-se constituindo, especialmente ao longo do século XX, como um problema não apenas político, mas também social, cultural e econômico, acentuando-se as atitudes de discriminação e marginalização em relação ao analfabeto, sob o argumento de que ele era incapaz.

Os levantamentos da população também existiam no Brasil desde o período colonial, mas somente em meados do século XIX a necessidade de censos populacionais ganhou força, acompanhando uma prática que se vinha espalhando pelo mundo ocidental desde fins do século XVIII. Em 1872, foi realizado o primeiro censo no Brasil, o Recenseamento Geral do Império; em 1890, já no período republicano, foi realizado o segundo; e, em 1900, o terceiro, todos eles, porém, cercados de problemas. Em 1920, realizou-se novo censo, desta vez mais bem planejado. Mas é a partir do censo de 1940, realizado pelo Instituto Brasileiro de Geografia e Estatística (IBGE), fundado em 1936, que se iniciam a produção de estatísticas sistemáticas e especializadas e a utilização de procedimentos em vigor até os dias atuais nos censos, os quais, desde essa data, com a introdução de questões cada vez mais detalhadas, vêm-se realizando a cada dez anos,[2] excetuando-se o realizado em 1991.

Desde os primeiros censos populacionais, também se buscava conhecer o número de pessoas que sabiam (ou não) ler e escrever, resultando em dados sobre o analfabetismo da população. Nas últimas décadas, os censos continuam medindo o analfabetismo, mas, em razão das mudanças nas condições culturais, sociais e políticas do país e, em decorrência, nas definições de alfabetização, foram mudando também os critérios que permitem considerar uma pessoa analfabeta ou alfabetizada.

De um modo geral, nos censos populacionais realizados até 1940, esse critério se baseava na declaração das pessoas a respeito de sua capacidade de ler e escrever (o próprio nome); a partir do censo de 1950, o critério passou a se basear em uma definição mais ampliada de alfa-

---

2 BOTELHO, Tarcísio. Contando os milhões. *Nossa História* (Rio de Janeiro), ano 1, n. 4, p. 9, fev. 2004.

betizado: pessoa capaz de ler e escrever um bilhete simples no idioma que conhecesse; aquela que soubesse apenas assinar seu nome não era, portanto, considerada alfabetizada. No censo de 2000, "considerou-se como alfabetizada a pessoa capaz de ler e escrever um bilhete simples, no idioma que conhecesse. Aquela que aprendeu a ler e escrever, mas esqueceu, e a que apenas assinava o próprio nome foram consideradas analfabetas".[3] Alguns estudiosos do assunto, ainda, defendem a adoção do conceito de "analfabeto funcional", cada vez mais utilizado em outros países e que inclui todas as pessoas com menos de quatro séries de estudos concluídas.

Os critérios definidos a partir do censo de 1950 no Brasil passaram a se basear nas definições de alfabetização/analfabetismo da Organização das Nações Unidas para a Educação, a Ciência e a Cultura (United Nations Educational, Scientific and Cultural Organization – Unesco). Desde que essa organização foi fundada, há aproximadamente meio século, essas definições vêm sendo elaboradas, revisadas e recomendadas, como se observa no Quadro 1, como critérios internacionais de medição do analfabetismo/alfabetização, a fim de propiciar comparações entre diferentes países.

Foram também mudando os indicadores relativos à faixa etária para contagem dos analfabetos: população de 5 anos ou mais, população de 10 anos ou mais, população de 15 anos ou mais. Este último indicador foi construído a partir do censo brasileiro de 1920, e é privilegiado pela Unesco para efeito de comparações internacionais. E foram sendo estabelecidas, em nível internacional e nacional,

---

3 IBGE (2000) apud FERRARI, Alceu R. Analfabetismo e níveis de letramento no Brasil: o que dizem os censos? *Educação & Sociedade* (Campinas), v. 23, n. 81, p. 21-48, dez. 2002. (Dossiê Letramento)

QUADRO 1
EVOLUÇÃO DO CONCEITO DE ALFABETIZAÇÃO
SEGUNDO A UNESCO

1951: a capacidade de uma pessoa que sabe ler e escrever uma declaração curta e simples no seu dia a dia e entende aquilo que leu e escreveu.

1957: um continuum de habilidades, inclusive de leitura e escrita, aplicadas a um contexto social.

1962: o fato de um indivíduo possuir o conhecimento e as habilidades essenciais que o capacitam a engajar-se em todas aquelas atividades necessárias para que ele tenha um funcionamento efetivo em seu grupo e em sua comunidade, e cujas conquistas em leitura, escrita e aritmética tornam-lhe possível fazer uso dessas habilidades em prol de seu próprio desenvolvimento e do desenvolvimento de sua comunidade.

1978: a capacidade que uma pessoa tem para engajar-se em todas aquelas atividades em que [o letramento] é necessário para que ela funcione de modo efetivo dentro de seu grupo e comunidade e também para capacitá-la a continuar usando a leitura, a escrita e o cálculo matemático em prol de seu próprio desenvolvimento e do desenvolvimento de sua comunidade.

Fonte: HARRIS, Th. L; HODGES, R. E.. *Dicionário de alfabetização:* vocabulário de leitura e escrita. Trad. Beatriz Viégas-Faria. Porto Alegre: Artes Médicas Sul, 1999.

correlações entre o analfabetismo e outros indicadores de caráter econômico, social, cultural, geográfico e educacional, assim como foram emergindo outras estratégias de medição do analfabetismo/alfabetismo, como, por exemplo, as pesquisas por amostragem de domicílio, as avaliações do sistema educativo e das competências dos estudantes. Este é o caso do Programa Internacional de Avaliação de Estudantes (Pisa) e, no Brasil, do Indicador Nacional de Analfabetismo Funcional (Inaf), a partir de 2000, do Sistema Nacional de Avaliação da Educação (Saeb), do "Provão", para o ensino superior, e do Exame Nacional do Ensino Médio (Enem), a partir da década de 1990.

Ainda que tenha havido mudanças como essas, as análises dos dados dos censos disponíveis desde 1872 até os dias atuais permitem verificar a persistência e a complexidade do problema do analfabetismo no Brasil, com destaque para pelo menos dois aspectos a ele relacionados: a simultaneidade entre a queda da taxa percentual de analfabetismo e o aumento do número absoluto de analfabetos; e a forte correlação entre taxas de escolaridade (duração dos estudos), taxas de escolarização (relação entre a população escolarizada e a população escolarizável) e taxas de analfabetismo.

Para um melhor entendimento desses aspectos, vejamos os quadros abaixo, organizados com base em consulta a diferentes fontes.

No Quadro 2, há dados sobre a evolução da população recenseada no Brasil e das taxas percentuais de analfabetismo, entre 1872 e 1900. É importante lembrar

QUADRO 2
POPULAÇÃO RECENSEADA E NÚMERO DE ANALFABETOS OU TAXAS DE ANALFABETISMO, ENTRE 1872 E 1900, NO BRASIL

ANO	POPULAÇÃO RECENSEADA NO BRASIL*	TAXA DE ANALFABETISMO** (população de 5 anos ou mais)
1872	9.930.478	82,3
1890	14.333.915	82,6
1900	17.438.434	—

*Fonte: IBGE apud BOTELHO, Tarcísio. Contando os milhões. *Nossa História* (Rio de Janeiro), ano 1, n. 4, p. 9, fev. 2004.

**Fonte: *Recenseamento geral do Brasil*, v. IV, 4ª parte e IBGE, Censo de 1940, apud FERRARI, Alceu R. Analfabetismo e níveis de letramento no Brasil: o que dizem os censos?. *Educação & Sociedade* (Campinas), v. 23, n. 81, p. 21-48, dez. 2002 (Dossiê Letramento). Ferrari lembra que "o Censo de 1900 não foi considerado, em razão das distorções sobre o analfabetismo".

que, em relação a esse período, em decorrência dos problemas já mencionados para a realização dos censos, nas diferentes fontes consultadas ora existem números não especificados por faixa etária, ora taxas referentes à população de 5 anos ou mais, como consta do quadro.

O Quadro 3 apresenta a evolução da população recenseada no Brasil, em números absolutos, e o número de analfabetos e as taxas percentuais de analfabetismo da população de 5 anos ou mais, 10 anos ou mais e 15 anos ou mais, entre 1920 e 2000 (data do último censo).

QUADRO 3
POPULAÇÃO RECENSEADA, NÚMERO DE ANALFABETOS
E TAXA DE ANALFABETISMO POR FAIXA ETÁRIA,
ENTRE 1920 E 2000, NO BRASIL

ANO	POPULA-ÇÃO RECEN-SEADA NO BRASIL *	ANALFABETISMO DA POPULAÇÃO DE 5 ANOS OU MAIS**		ANALFABETISMO DA POPULAÇÃO DE 10 ANOS OU MAIS**		ANALFABETISMO DA POPULAÇÃO DE 15 ANOS OU MAIS**	
		No.	%	No.	%	No.	%
1920	30.635.605	18.549.085	71,2	—	—	11.401.715	64,9
1940	41.236.315	21.295.490	61,2	16.452.832	56,7	13.242.172	55,9
1950	51.944.397	24.907.696	57,2	18.812.419	51,5	15.272.632	50,5
1960	70.070.457	27.578.971	46,7	19.378.801	39,7	15.964.852	39,6
1970	93.139.037	30.718.597	38,7	21.638.913	32,9	18.146.977	33,6
1980	119.002.706	32.731.347	31,9	22.393.295	25,5	18.716.847	25,5
1991	146.825.475	31.580.488	24,2	21.330.295	18,9	18.587.446	19,4
2000	169.799.170	25.665.393	16,7	17.552.762	12,8	16.294.889	13,6

*Fonte: IBGE apud BOTELHO, Tarcísio. Contando os milhões. *Nossa História* (Rio de Janeiro), ano 1, n. 4, p. 9, fev. 2004.

**Fonte: IBGE. *Censo demográfico, 1940, 1950, 1960, 1970, 1980, 1991, 2000*, apud FERRARI, Alceu R. Analfabetismo e níveis de letramento no Brasil: o que dizem os censos? *Educação & Sociedade* (Campinas), v. 23, n. 81, p. 21-48, dez. 2002. (Dossiê Letramento).

No Quadro 4, tem-se a evolução das taxas de escolarização da população de 7 a 14 anos, entre 1950 e 2000, e, no Quadro 5, a evolução das taxas de escolaridade média por faixa etária, entre 1970 e 2001.

QUADRO 4
TAXAS DE ESCOLARIZAÇÃO DA POPULAÇÃO
DE 7 A 14 ANOS, ENTRE 1950 E 2000, NO BRASIL

ANO	TAXA DE ESCOLARIZAÇÃO (POPULAÇÃO DE 7 A 14 ANOS)
1950	36
1970	67
2000	97

Fonte: ABREU, Marisa. Levantamento de dados, textos, artigos etc. sobre municipalização do ensino, com ênfase no estado do Maranhão. Consultora legislativa da Área XV – Educação, Cultura, Desporto, Ciência e Tecnologia – da Câmara dos Deputados. Jul./2003. Disponível em http://www.camara.gov.br/internet. Acesso em 19/03/2004.

QUADRO 5
TAXAS DE ANALFABETISMO E DE ESCOLARIDADE MÉDIA
POR FAIXA ETÁRIA, NO BRASIL, ENTRE 1970 E 2001

FAIXA ETÁRIA	ANO	TAXA DE ANALFABETISMO (%)	ESCOLARIDADE MÉDIA (séries concluídas)
15-19 anos	1970	24,0	4,0
	2001	3,0	6,0
45-49 anos	1970	43.2	—
	2001	17,6	5,6

Fonte: IBGE apud BRASIL, Ministério da Educação. Instituto Nacional de Estudos e Pesquisas Pedagógicos Anísio Teixeira. Mapa do analfabetismo no Brasil. Disponível em http://www.inep.gov.br. Acesso em 06/03/2004.

É importante lembrar que as variações hoje existentes nos critérios para estipular o número de analfabetos implicam resultados relativamente diferentes, gerando polêmicas, por vezes. No Quadro 3, de acordo com o IBGE, o número de analfabetos é de 16 milhões; no trecho citado no início deste capítulo, o ex-ministro da Educação afirma serem 20 milhões; e, utilizando-se o conceito de "analfabeto funcional", esse número chega a mais de 30 milhões, considerando a população de 15 anos ou mais. Estes últimos dados são do *Mapa do analfabetismo no Brasil*, estudo produzido pelo Instituto Nacional de Estudos e Pesquisas Educacionais Anísio Teixeira (Inep), que reúne indicadores produzidos em 2000 pelo IBGE, pelo Programa das Nações Unidas para o Desenvolvimento (Pnud) e pelo Inep.

Mesmo considerando essas variações, pode-se verificar nos quadros acima que é ainda alto o número de analfabetos no país, apesar de ter havido uma leve queda nesse número a partir dos anos 80, e apesar de ter havido, ao longo desse período secular, uma progressiva queda nas taxas percentuais de analfabetismo e um significativo aumento das taxas percentuais de escolaridade e de escolarização.

De fato, o processo de desaceleração do analfabetismo vem sendo fortemente influenciado pela ampliação do atendimento escolar, tendo, também, aumentado expressivamente a escolaridade média da população brasileira: "Na faixa dos 7 aos 14 anos, o acesso à escola está praticamente universalizado (96,5%), incluindo as áreas rurais, onde 94,7% das crianças frequentam alguma instituição de ensino".[4]

No entanto, os avanços quantitativos em relação à inclusão educacional não têm sido suficientes para garan-

---

4 WAISELFISZ, Julio Jacobo. *Relatório de desenvolvimento juvenil 2003*. Brasília: Unesco, 2004. p. 57.

EDUCAÇÃO E LETRAMENTO

tir, sobretudo à população juvenil, pelo menos o ensino fundamental completo e de qualidade, ou seja, o acesso efetivo aos conhecimentos socialmente indispensáveis.

Como exemplos de importantes indicativos desse *déficit* qualitativo, sobretudo no ensino fundamental, podem-se mencionar os seguintes: o percentual de frequência à escola decresce com o aumento da faixa etária; segundo dados da Unesco, o Brasil é o campeão em repetência escolar: em 1998 e 1999, 24% dos alunos do ensino fundamental e 18% dos alunos do ensino médio no país estavam repetindo de ano; os dados do IBGE de 2001 revelam que 35% dos analfabetos já frequentaram a escola; os dados de recente pesquisa realizada pela Unesco e pela Organização para Cooperação e Desenvolvimento Econômico (OCDE) localizam o Brasil em penúltimo lugar, entre 41 países, no que se refere às competências de jovens de 15 anos de idade para leitura, matemática e ciências; e os dados das avaliações do Saeb vêm apontando queda sistemática no aproveitamento dos alunos de 4ª e 8ª séries do ensino fundamental em língua portuguesa e matemática.[5]

E, apesar dos avanços obtidos, segundo estudo da Unesco, comparado com outros países em desenvolvimento da América Latina, o Brasil tem uma das maiores taxas de analfabetismo da população com mais de 15 anos, como se pode observar no Quadro 6.

Em vista dessa situação, documento da Unesco alerta para o fato de que "[...] o analfabetismo está comprometendo o futuro do Brasil, contribuindo para aumentar o número de excluídos" e ressalta a necessidade de o país engajar-se plenamente na "Década das Nações

---

5 Idem, p. 184.

QUADRO 6
TAXAS DE ANALFABETISMO NA POPULAÇÃO
DE MAIS DE 15 ANOS EM PAÍSES SELECIONADOS

País	Taxa de analfabetismo
Brasil	13,6
Colômbia	8,4
Chile	4,2
Argentina	3,2

Fonte: BRASIL, Ministério da Educação. Instituto de Estudos e Pesquisas Educacionais Anísio Teixeira. *Mapa do analfabetismo no Brasil.* Brasília: MEC/Inep, [2003], p. 6 apud WAISELFISZ, Julio Jacobo. *Relatório de desenvolvimento juvenil 2003..* Brasília: Unesco, 2004, p. 41

Unidas para a Alfabetização", lançada em Nova York em fevereiro de 2003, que visa a reduzir internacionalmente o analfabetismo e cujo *slogan* é "Alfabetização como liberdade".[6]

Com base na afirmação de que "[...] o conceito e a prática da alfabetização são parte de um debate mais amplo sobre para que serve a educação" e que a alfabetização é uma "ferramenta do desenvolvimento [...] versátil e testada", esse *slogan* "[...] foi criado para encorajar abordagens para a aquisição e desenvolvimento da alfabetização, que liberta as pessoas da ignorância, incapacidade e exclusão, e as liberta para a ação, escolhas e participação".[7] De fato, seguindo esses princípios, foi lançado no Brasil, em setembro de 2003, o Programa Brasil Alfabetizado, cuja meta era alfabetizar vinte milhões de pessoas até 2005 mediante convênios com governos estaduais e municipais, organizações não governamentais, empresas e entidades civis.

---

6 Unesco. *Alfabetização como liberdade.* Brasília: Unesco/MEC, 2003, p. 11-33, apud WAISELFISZ, Julio Jacobo, op. cit., p. 40.

7 MATSUURA, Koichiro. *Discurso do Sr. Koichiro Matsuura,* por ocasião do lançamento da Década das Nações Unidas para a Alfabetização, em Nova York, 13 de fevereiro de 2003. In: Unesco, op. cit., p. 11-33, apud WAISELFISZ, Julio Jacobo, op. cit., p. 40-1.

EDUCAÇÃO E LETRAMENTO

ACIMA: AULA DE CALIGRAFIA NA ESCOLA PRIMÁRIA MODELO (SEÇÃO FEMININA) ANEXA À ESCOLA NORMAL DA PRAÇA DA REPÚBLICA, SÃO PAULO – 1909.

AO LADO: JOVEM LENDO, EM FOTO DE ESTÚDIO – 1912.

Observa-se, assim, em âmbito nacional e internacional, a tendência em se manter e reforçar a associação entre alfabetização e educação escolar, assim como entre alfabetização, educação e desenvolvimento social, cultural, econômico e político. Essa associação se dá tanto no sentido propositivo de universalizar a alfabetização por meio da universalização da educação escolar, quanto no sentido de "denunciar" a forte correlação entre a persistência do analfabetismo, a persistência do "fracasso escolar" e os problemas de desenvolvimento da nação.

De outros pontos de vista e com outras denominações, esse problema foi e continua sendo objeto de diferentes explicações, concomitantes ou não, e suas correspondentes tentativas de solução. Seja por meio de políticas públicas em âmbito federal, estadual ou municipal ou de iniciativas mais localizadas e mesmo não governamentais, essas tentativas de solução vêm focalizando ora os métodos de ensino da leitura e escrita, ora a formação do professor, ora os processos cognitivos do aluno, ora a estrutura e funcionamento do sistema de ensino, ora, ainda, alternativas não escolares.

Trata-se, portanto, de um problema que acompanha (também, mas não somente) a história do país, particularmente ao longo de mais de um século desde a proclamação da República, em 1889, e da instalação do modelo republicano de escola pública, marcadamente voltado para a disseminação da instrução elementar. E sua persistência evidencia, entre tantas outras, as dificuldades do Estado de efetivar seu dever de garantir que a educação escolar dê conta de sua tarefa histórica fundamental, a fim de poder responder às urgências políticas, sociais e culturais que lhe dão sustentação, desde suas origens no âmbito de um certo projeto político liberal.

Escola e alfabetização do povo

Como evidencia o trecho citado no início deste capítulo e confirmam algumas das análises dos dados estatísticos apresentados, a educação e a escola vêm sendo apresentadas, já há mais de um século e de modo programático, como as principais soluções para o analfabetismo e para tantos outros problemas de caráter político, social, cultural e econômico do país. Tais dívidas e correspondentes propostas de solução são uma herança do passado e uma tradição ainda vigente, que vêm norteando tomadas de decisão com suas correspondentes responsabilidades.

De um modo geral, a educação (do latim *educatio, educere* — conduzir para fora de) pode ser definida como uma atividade específica e constitutivamente humana que tem por finalidade a formação, ou seja, o desenvolvimento das virtualidades próprias do ser humano, considerando-se sua capacidade de ensinar e aprender, em diferentes situações, espaços e momentos da vida. Considerando também tanto a necessidade de transmissão da tradição — de que são portadores os adultos — às novas gerações, visando à sua inserção no mundo público da cultura, quanto de transformações na ordem política, social, cultural e econômica, visando à criação, sobretudo por parte dos "novos", de um futuro que se considera melhor. A educação tem, portanto, uma função mediadora: por meio dos processos educativos se constroem, de determinada maneira, determinadas relações dos indivíduos entre si e com a sociedade e a cultura. Nessa definição geral podem ser incluídos os vários tipos de educação e suas diferentes finalidades, que dependem das condições históricas e sociais em que ocorrem os processos educativos.

Especialmente a partir do século XVI, na Europa, passou-se a depositar gradativamente muitas expectativas na educação como meio de transformação racional da sociedade; e sobretudo na educação escolar, processo educativo que ocorre, de forma regular, sistemática e intencional na escola, isto é, em instituições apropriadas que são organizadas com a finalidade de oferecer o ensino coletivo a crianças e jovens, caracterizando-se como instância mediadora entre a família e a sociedade.

Essas expectativas estão também relacionadas com uma concepção social de infância que foi sendo configurada a partir do século XVIII, como decorrência de um sentimento de infância e de família fortemente ligado ao sentimento de classe social. Separada da "promiscuidade" do convívio indiferenciado com os adultos e o povo, as crianças da burguesia emergente dessa época passaram a ser objeto de cuidados adequados às suas particularidades. E foi transferida à família a responsabilidade de buscar a formação moral e espiritual dos seres "em formação", com disciplina e rigor, nos colégios (protestantes e jesuítas) e internatos destinados aos meninos.[8]

Assim, a preocupação com a educação escolar (da criança) surgiu inicialmente com reformadores moralistas e religiosos, que lutavam contra o que consideravam "anarquia" da sociedade medieval, e, em particular no caso dos reformadores protestantes, que ressaltavam a função social da educação e da escola, assim como a valorização da língua nacional e do aprendizado da leitura, como meio de compreensão pessoal da Sagrada Escritura.[9]

---

8 ARIÈS, Phillipe. *História social da criança e da família*. Trad. Dora Flaksman. Rio de Janeiro: Zahar, 1978; e BADINTER, Elisabeth. *Um amor conquistado*: o mito do amor materno. Trad. Waltensir Dutra. Rio de Janeiro: Nova Fronteira, 1985.

9 CAMBI, Franco. *História da pedagogia*. Trad. Álvaro Lorencini. São Paulo: UNESP, 1999. p. 251.

Ao longo do século XIX, no mundo ocidental, a educação escolar foi ganhando impulso; seu sentido religioso foi sendo substituído por um sentido "moderno" e laicizante, e a escola foi sendo consolidada como um lugar institucional privilegiado para o preparo das novas gerações, com vistas a atender a um projeto político liberal do Estado pautado pela necessidade de instauração de uma nova ordem política e social. Com a criação dos sistemas nacionais de ensino, a escola, em moldes mais próximos do que conhecemos hoje, passou a assumir importante papel como instrumento de modernização e de progresso da nação. Especialmente porque passou a prometer a todos o acesso à cultura letrada, centrada na língua escrita, por meio da instrução elementar, isto é, do ensino dos rudimentos escolares de leitura, de escrita (primeiras letras) e de cálculo, como elementos fundamentais que permitem a continuidade da educação.

Dessa promessa, porém, emergiu uma associação problemática entre a escola, o ensino e a aprendizagem (iniciais) da leitura e da escrita, a alfabetização. Essa associação foi um argumento central nos debates políticos sobre a universalização da instrução elementar e é um dos legados do modelo republicano de educação escolar efetivado, na França, com as leis escolares de 1880. Tais leis estabeleciam a obrigatoriedade, a gratuidade e a laicização da educação escolar, realizando aspirações que vinham progressivamente se afirmando no século anterior.

A educação escolar se tornou, assim, agente de esclarecimento das "massas" iletradas e fator de civilização; a alfabetização, por sua vez, se tornou um meio privilegiado de aquisição de saber, no sentido de esclarecimento, e imperativo da modernização e desenvolvimento social e político. A partir de então, ler e escrever se tornaram o fundamento da escola obrigatória, gratuita e laica, nos moldes ocidentais e, definitivamente, objeto de ensino e aprendizagem escolarizados, ou seja, para poderem ser tecnicamente ensináveis, a leitura e a escrita passaram a ser submetidas a uma organização sistemática e metódica, o que demandou a preparação de profissionais especializados nesse ensino e propiciou a consolidação de certos modelos de escolarização dessas práticas sociais.

Trata-se de uma concepção do ensino da leitura e da escrita que indica a passagem para um sentido moderno de alfabetização das "massas". Desse ponto de vista, aprender a ler e a escrever se apresenta como um momento de mudança, como indicativo e anúncio de um ritual de passagem para um mundo novo, para o indivíduo e para o Estado: o mundo público da cultura letrada, que instaura novas formas de relação dos sujeitos entre si, com a natureza, com a história e com o próprio Estado; que instaura, enfim, novos modos e conteúdos de pensar, sentir, querer e agir.

No entanto, as evidências que sustentam originariamente essa associação entre escola e alfabetização vêm, cada vez mais, sendo questionadas, a partir da ambiguidade entre efeitos pretendidos e resultados obtidos, o que vem sendo objeto de intensa preocupação, principalmente nos países em desenvolvimento. Pode-se considerar, desse ponto de vista, que, enquanto suposto e prometido resultado da ação da escola, o ensino e a aprendizagem iniciais da língua escrita se tornam índice de medida e testagem da eficiência da ação modernizadora, ainda pretendida para a educação escolar, e o analfabetismo — seja o acumulado entre a população jovem e adulta como resultado de sua não inclusão educacional na idade adequada, seja o emergente entre a população infantil como resultado da insuficiência quantitativa e qualitativa da escola — apresenta-se como um dos signos mais evidentes dos problemas políticos, sociais e culturais de nosso tempo.

No Brasil, certamente em decorrência das condições de sua colonização, de sua dimensão territorial e de sua estrutura predominantemente agrária, a preocupação com a educação e com o ensino elementar tardou a ganhar vulto. A educação escolar tornou-se obrigatória ainda no Império, com a Constituição de 1834; e, a partir do período republicano, os governos estaduais e o governo federal passaram a centrar forças na organização do "aparelho escolar" e na disseminação da instrução elementar, como uma decorrência da necessidade de educar do povo, de acordo com os ideais republicanos e ainda numa perspectiva iluminista. Apesar desses pequenos avanços, não foi possível impedir a crescente exclusão da grande maioria dos brasileiros do exercício de seus direitos básicos, como a educação e o acesso aos bens culturais de uma sociedade que se tornou gradativamente letrada. E, não por acaso, esse processo secular de implantação e expansão de um sistema público de ensino foi acompanhado de intensas discussões sobre o fracasso escolar no que se refere, especificamente, ao ensino e à aprendizagem da leitura e da escrita como um importante aspecto na busca de formas de se efetivar o direito à educação.

Em que pese o possível caráter utópico da importância tradicionalmente atribuída à educação escolar e, particularmente, à alfabetização do povo, com suas contradições e dificuldades, certo é que saber ler e escrever, utilizar a leitura e a escrita nas diferentes situações do cotidiano continuam sendo necessidades inquestionáveis tanto para o exercício pleno da cidadania quanto para a medida do nível de desenvolvimento de uma nação. E se é verdade que a escola não é o único lugar onde se pode aprender a ler e escrever (embora mesmo isso nem sempre aconteça), também é verdade que, nas atuais condições sociais, econômicas e culturais em que vive a grande maioria da população brasileira, o acesso a esse aprendizado costuma ocorrer mais dificilmente fora dessa instituição.

E é certo, também, que, apesar da persistência da tradição herdada e todos os seus problemas, houve mudanças substanciais na relação entre analfabetismo e alfabetização, assim como nos conceitos e práticas envolvidos e sua relação com a escola e com a educação. Essas mudanças estão relacionadas com as condições de desenvolvimento social, cultural, econômico e político que trouxeram novas necessidades, fazendo aflorar novos fenômenos e novas responsabilidades. De fato, ainda é preciso aprender a ler e escrever, mas a alfabetização, entendida como aquisição de habilidades de mera decodificação e codificação da linguagem escrita e as correspondentes dicotomias analfabetismo x alfabetização e analfabeto x alfabetizado não bastam... mais. É preciso, hoje, também saber utilizar a leitura e a escrita de acordo com as contínuas exigências sociais, e esse algo mais é o que se vem designando de "letramento".

Antigos problemas,
novas necessidades, outras questões

O que foi exposto até aqui propicia uma visão bastante ampla dos aspectos enfocados neste livro, cujo objetivo é abordar as relações entre educação e letramento. Se "educação" é uma palavra bastante utilizada e com significado relativamente conhecido, o mesmo não ocorre com "letramento", de recente introdução em nossa língua e diretamente relacionada com a visibilidade de novos fenômenos e com a constatação de novas formas de compreendê-los e explicá-los.

> [...] novas palavras são criadas, ou a velhas palavras dá-se um novo sentido, quando emergem novos fatos, novas ideias, novas maneiras de compreender os fenômenos. [...] porque conhecemos bem, e há muito, esse "estado de analfabeto", sempre nos foi necessária uma palavra para designá-lo, a conhecida e corrente *analfabetismo*. Já o estado ou condição de quem sabe ler e escrever, [...] esse fenômeno só recentemente se configurou como uma realidade em nosso contexto social. Antes, nosso problema era apenas o do "estado ou condição de analfabeto" — a enorme dimensão desse problema não nos permitia perceber esta outra realidade, o "estado ou condição de quem sabe ler e escrever", e, por isso, o termo *analfabetismo* nos bastava, o seu oposto — *alfabetismo* ou *letramento* — não nos era necessário. Só recentemente esse oposto tornou-se necessário, porque só recentemente passamos a enfrentar esta nova realidade social em que não basta apenas saber ler e escrever, é preciso também fazer uso do ler e do escrever, saber responder às exigências de leitura e escrita que a sociedade faz continuamente — daí o surgimento do termo *letramento* [...]. [10]

O conteúdo dessa citação suscita, dentre tantas outras, as seguintes questões:

- A que momento da história de nosso país remetem os adjuntos adverbiais "há muito", "antes" e "sempre", que a autora da citação utiliza para se referir, respectivamente,

---

10 SOARES, Magda. *Letramento*: um tema em três gêneros. Belo Horizonte: Autêntica, 1988. p. 19-20 (Grifos da autora).

ao já antigo conhecimento que temos do "estado ou condição de analfabeto", ao "problema" que podíamos perceber e à "conhecida e corrente" palavra que "sempre nos foi necessária" para designá-lo: "analfabetismo"?

- A que momento da história de nosso país remete o adjunto adverbial "só recentemente", que a autora utiliza para situar a configuração tanto de novo fenômeno — "o estado ou condição de quem sabe ler e escrever" —, quanto da necessidade das palavras "alfabetismo" ou "letramento", em oposição a "analfabetismo"?

- A que novos fatos e novas ideias relacionados com saber, ou não, ler e escrever correspondeu a criação ou atribuição de novos significados e sentidos às palavras "analfabeto", "analfabetismo", "alfabetizar", "alfabetização", "alfabetizado", "alfabetismo", "letramento", "letrado", "iletrado"?

- Que definições e conceitos de "letramento", "alfabetismo", "letrado", "iletrado" correspondem às novas maneiras de compreender e explicar os fenômenos relacionados com saber, ou não, ler e escrever?

- Afinal, o que é esse algo mais que é necessário — fazer uso do ler e do escrever, saber responder às exigências de leitura e escrita que a sociedade faz continuamente?

- Enfim, quais as relações entre educação e letramento?

Vejamos, então, nos próximos capítulos, algumas possíveis respostas a essas questões, por meio da análise dos significados e sentidos que foram sendo atribuídos a essas palavras ao longo de processos convergentes: sua dicionarização, enfocando os registros em três dicionários gerais e três dicionários técnicos; sua função na história da educação e da alfabetização no Brasil; e sua definição e conceitualização em textos acadêmicos produzidos por brasileiros.

2 De "analfabeto" a "letramento"

Em dicionários gerais da língua portuguesa

As palavras em análise encontram-se em verbetes de três dicionários gerais da língua portuguesa, escolhidos por sua representatividade em relação ao momento de sua publicação ou reedições. São eles:

- *(Grande) Dicionário de língua portuguesa*, de Antonio de Moraes Silva, que teve dez edições entre 1789 e 1949 e é considerado um modelo para os demais dicionários de língua portuguesa;
- *Novo dicionário da língua portuguesa*, de Aurélio Buarque de Hollanda Ferreira, que teve três edições, com muitas reimpressões, entre 1975 e 1999; esta última edição tem como título *Novo Aurélio Século XXI: o dicionário da língua portuguesa*; e
- *Dicionário Houaiss da língua portuguesa*, publicado em 2001, no qual se registram também as fontes históricas dos verbetes, os antônimos e termos científicos,

com indicação da década em que surgiram e o respectivo domínio de conhecimento.

No Apêndice ao final deste livro, encontram-se quadros contendo transcrições adaptadas dos verbetes correspondentes a essas palavras, que foram agrupadas de acordo com o pertencimento a um mesmo campo semântico e, no interior de cada quadro, por ordem cronológica da época provável de seu "surgimento", em relação direta com o tema abordado neste livro.

Dentre as palavras em análise, de acordo com o registro nesses três dicionários e os aspectos que nos interessam explorar, "analfabeto" é a de uso mais antigo, remontando ao início do século XVIII. Como substantivo *masculino*, seu significado se mantém relativamente estável até os dias atuais: o ignorante das letras do alfabeto, que não sabe ler nem escrever e, também, que não tem instrução primária. Nesse significado, depreende-se uma concepção de leitura e escrita como simples conhecimento das letras do alfabeto e diretamente relacionada com a instrução primária, portanto, com o ensino e aprendizagem escolares. No *Moraes Silva* e no *Houaiss*, registra-se, ainda, a acepção "pejorativa" de analfabeto como muito ignorante, bronco, rude. E, no *Houaiss*, a acepção ampliada: que conhece mal determinado assunto.

Embora a palavra "analfabeto" fosse utilizada desde o século XVIII, somente ao final do século XIX passou a ser utilizada a palavra "analfabetismo", para designar o problema que envolvia o estado ou condição de analfabeto.

Observa-se que a palavra "iletrado", também utilizada desde o final do século XIX, em uma de suas acepções é sinônimo de analfabeto (ou quase). Embora em "iletrado" tenha-se o prefixo "i(r)-" que indica negação, privação, os significados de "letrado", cujo uso em língua portuguesa remonta ao século XVIII, não têm relação direta com "analfabeto". Observa-se uma sugestão indireta de oposição desses significados apenas na segunda acepção registrada no *Houaiss*, surgida na década de 1980 no âmbito da Pedagogia.

De fato, conhecemos há pelo menos cinco séculos o estado ou condição de quem não dispõe da "tecnologia" do ler e do escrever; e, há aproximadamente dois séculos surgiram as palavras para designar tanto o estado ou condição de quem não sabe ler e escrever quanto o problema — quando este passou a ser perceptível como tal — gerado por esse estado ou condição.

É importante destacar que em "analfabeto" e em "analfabetismo" há o prefixo grego "a(n)-", que indica privação, negação. No caso dessas duas palavras, o prefixo indica, há dois séculos, privação, negação, ou do conhecimento do alfabeto ou da leitura (e escrita), ou, ainda, de instrução primária, aproximando-se da acepção de "iletrado" mencionada acima. Ressalta-se, ainda, a presença, em "analfabetismo", do sufixo "-ismo", utilizado em português para formar substantivos a partir de outros substantivos e de adjetivos. Dentre os sentidos possíveis desse sufixo, três deles poderiam explicar o significado de "analfabetismo": doutrina ou sistema? modo de proceder ou pensar? terminologia científica?

Os significados de "analfabeto" e "analfabetismo", portanto, indicam uma condição que *antecede* (cronologicamente) o aprendizado das primeiras letras (leitura e escrita) e a instrução primária. No entanto, só foi possível constatar essa condição quando já se dispunha de possibilidades de mudá-la, ou seja, quando se estava consciente da necessidade de ensinar a ler e a escrever e se dispunha de meios (materiais, físicos etc.) para se alcançar esse fim, com a implantação de um sistema público de educação/instrução pública no país. Depois de "alfabetizado" (e "instruído"), o indivíduo deixa de ser "analfabeto", e, com a "alfabetização" (e instrução) e o "alfabetismo", busca-se erradicar o "analfabetismo".

Assim, também *depois* (cronologicamente) de "analfabeto" e "analfabetismo", passaram a ser necessárias palavras para designar o novo estado ou condição de saber ler e escrever, e foram criadas: "alfabetizar" e "alfabetismo", que derivam de "alfabeto"; e "alfabetização" e "alfabetizado", que derivam de "alfabetizar".

Em "alfabetizar", há o sufixo verbal "-izar", com sentido factivo que denota atribuição de uma qualidade ou modo de ser; em "alfabetismo", o sufixo "-ismo", como já vimos em "analfabetismo". Em "alfabetização", há o sufixo nominal "-ção", que denota ação ou o resultado dela; e em "alfabetizado", o sufixo "-ado", que denota provido ou cheio de ou que tem o caráter de.

O processo de derivação prefixal e sufixal dessas palavras permite compreender melhor por que, no *Houaiss*, o antônimo de "analfabeto" é "alfabetizado"; e o antônimo de "analfabetismo" é "alfabetismo", "instrução".

Apresentando-se como uma espécie de reação ao crescente problema do analfabetismo, a necessidade de ensinar e aprender as primeiras letras e a correspondente instrução primária é relativamente recente em nosso país. E sua gradativa disseminação foi gerando resultados, cuja visibilidade só se acentuou mais recentemente, evidenciando uma nova necessidade que fez ressurgir as palavras "letramento" e "letrado". Entretanto, o ressurgimento dessas palavras, conforme consta no *Houaiss*, ocorreu no âmbito da Pedagogia, acompanhado do surgimento de novas acepções e novos significados que se acrescentaram ao antigo significado registrado no *Moraes Silva*. No *Houaiss*, para "letramento" acrescentaram-se duas acepções: "mesmo que alfabetização ('processo')", e, por influência da palavra inglesa *"literacy"*, "conquista de práticas que denotam a capacidade de uso de diferentes tipos de material escrito"; para "letrado", acrescentou-se: "que ou aquele que é capaz de usar diferentes tipos de material escrito".

Por fim, devem-se ressaltar três aspectos:

- em "alfabeto" encontra-se a origem de "analfabeto", "analfabetismo", "alfabetizar", "alfabetização", "alfabetizado", "alfabetismo", e, em "letra", a origem de "letramento", "letrado", "iletrado";
- os significados de todas as palavras em análise têm relação direta ou indireta com a instrução (primária) e, portanto, com a educação escolar; e
- dado que os dicionários gerais buscam registrar vocábulos usuais na língua oral e escrita e que, de um modo geral, leva tempo entre a criação de uma palavra e seu uso efetivo, os registros nos dicionários não acompanham *pari passu* as mudanças nos fatos/fenômenos que designam, o que pode explicar, por exemplo, o fato de "letramento" não constar nem da 3ª edição do Aurélio, publicada em 1999.[11]

De qualquer modo, a (pouca) evolução dos significados dessas palavras nos dicionários escolhidos indica a

---

11 "Letramento" não consta também de dois outros importantes dicionários de referência para o português do Brasil, publicados recentemente: *Michaelis*: moderno dicionário da língua portuguesa, edição de 1998, e *Dicionário de usos do Português do Brasil*, de Francisco da Silva Borba, edição de 2002.

tendência fortemente acentuada nas duas últimas décadas de se ampliar a definição de saber ler e escrever.

Em dicionários técnicos
de alfabetização e linguística

Algumas das palavras em análise encontram-se em verbetes do *Dicionário de alfabetização:* vocabulário de leitura e escrita,[12] organizado por Theodore L. Harris e Richard E. Hodges, patrocinado pela *International Reading Association* (IRA) e elaborado com assessoria internacional. Trata-se de um dicionário de termos técnicos, isto é, de palavras com significados especializados em um determinado campo de conteúdo ou disciplina, dirigido a um público profissional específico. Essa obra de referência, que, além dos verbetes, contém pequenos ensaios assinados por diferentes autores, foi publicada nos Estados Unidos, em 1995, e traduzida no Brasil em 1999.

É importante esclarecer que:

- o título do original em inglês é *The Literacy Dictionary: the vocabulary of reading and writing*; na edição brasileira, porém, optou-se por traduzir *"literacy"* por "alfabetização", no título do dicionário,[13] e por "lectoescrita", nos diferentes verbetes e ensaios;

---

12 Nesse dicionário há uma "reconceitualização" do *Dicionário de leitura e termos correlatos*, de 1981, visando a acompanhar os resultados de avanços teóricos e práticos no campo da leitura e da escrita que remetem ao conceito mais amplo de *"literacy"*.

13 Outros exemplos de tradução de *"literacy"* por "alfabetização" encontram-se em: *The Social Construction of Literacy* (Cambridge University Press, 1986), de Jenny Cook-Gumperz, que foi traduzido no Brasil por *A construção social da alfabetização* (Artes Médicas, 1991); *Literacy and Orality*, organizado por David Olson e Nancy Torrance, cujo título foi traduzido por *Cultura escrita e oralidade* (Ática, 1995); e *The Labyrinths of Literacy*: reflexions on literacy past and present, de Harvey J. Graff, cujo título foi traduzido por *Os labirintos da alfabetização*: reflexões sobre o passado e o presente da alfabetização (Artes Médicas, 1994).

- o termo "lectoescrita" foi criado pela pesquisadora argentina Emilia Ferreiro para designar a indissociabilidade da leitura e da escrita no processo de alfabetização, de um ponto de vista construtivista, como veremos no Capítulo 3.

No Quadro 4 do Apêndice, há uma transcrição adaptada dos verbetes e/ou ensaios relativos aos termos em análise.

Nesse dicionário técnico, observa-se o registro da evolução dos significados e sentidos que foram sendo atribuídos aos termos em análise, na segunda metade do século XX, de acordo com o objetivo de "refletir e ser sensível à comunidade internacional", buscando utilizar nomes, exemplos e citações de autores de diferentes nacionalidades (entre eles a brasileira Magda Soares) que vêm se dedicando ao estudo do letramento. Nos verbetes foram incorporadas definições divulgadas pela Unesco, as quais vêm sendo utilizadas também nos censos brasileiros a partir de 1950, como vimos no Capítulo 1.

Analisando o conteúdo dos verbetes e ensaios, observa-se que, nesse dicionário, os significados de "analfabeto", "analfabetismo", "alfabetização", "alfabetizado" e "iletrado" estão muito próximos daqueles registrados nos dicionários gerais de língua portuguesa abordados, especialmente no que se refere à relação entre saber (ou não) ler e escrever e a (falta de) instrução primária.

Observa-se, ainda:

- a ausência do termo "alfabetismo", devido às opções de tradução já mencionadas, e dos verbetes "analfabeto funcional" e "alfabetizado funcional", cujos sentidos estão incluídos em outros verbetes ou ensaios;

- a presença de um verbete e um ensaio específicos para "lectoescrita funcional";
- a presença de um verbete e um ensaio específicos para "lectoescrita emergente", correspondente ao desenvolvimento da linguagem escrita em crianças pequenas e também relacionada com a instrução;
- a recente ampliação de quase todos os termos para virtualmente todas as áreas do conhecimento para designar competência ou incompetência em uma área específica, como, por exemplo, "alfabetizado em computação"; e
- a ampliação de um sentido ideológico para "alfabetização", envolvendo o ensino da lectoescrita, a instrução primária e a "leitura do mundo" como estratégia de libertação, de acordo com o educador brasileiro Paulo Freire.

Quanto à "lectoescrita" (neologismo que não consta dos dicionários gerais já analisados), adverte-se a respeito da dificuldade/improbabilidade de uma definição consensual desse termo técnico. Por essa razão, adverte-se também que vários pesquisadores preferem usar o termo "lectoescrita" no plural, registrando-se quatro acepções, da mais restrita até a mais ampla, que correspondem a definições de diferentes autores e à evolução do conceito nas sucessivas definições da Unesco, já vistas no Capítulo 1. De acordo com essa evolução, ressalta-se a tendência internacional de se ampliar a definição de saber ler e escrever (semelhantemente ao já constatado nos três dicionários gerais).

Vale lembrar que, nesse dicionário técnico, "lectoescrita" é a tradução de *"literacy"*; segundo o dicionário *Houaiss*, porém, essa mesma palavra inglesa influenciou, no Brasil, o surgimento da palavra "letramento", com significado semelhante a alguns apresentados para "lectoescrita" nesse dicionário técnico, no qual consta o trecho abaixo extraído de um ensaio assinado por Richard L. Venesky.

> Lectoescrita é a capacidade mínima de ler e escrever em uma determinada língua, assim como também é uma direção para o pensamento ou um modo de pensar o uso da leitura e da escrita no dia a dia. A lectoescrita difere do simples ler e escrever porque pressupõe um entendimento do uso apropriado dessas capacidades dentro de uma sociedade que está fundamentada no texto impresso. Assim sendo, a lectoescrita requer um envolvimento autônomo e ativo com o texto impresso e destaca o papel do indivíduo no gerar, receber e atribuir interpretações independentes às mensagens. Devido à ideia de competência básica que está implícita no conceito de lectoescrita, o termo evoluiu no sentido de designar também a competência mínima exigida em outras áreas: lectoescrita em computação, lectoescrita cultural, lectoescrita econômica etc. [14]

A palavra "letramento" encontra-se registrada, ainda, em verbetes de dois outros dicionários de termos técnicos traduzidos recentemente no Brasil.

O *Dicionário de linguagem e linguística*, de R. L. Trask, foi publicado na Inglaterra em 1977, e a tradução brasileira, realizada pelo linguista Rodolfo Ilari, foi publicada neste ano de 2004. Nesse dicionário, o termo de entrada dos verbetes é acompanhado do original em inglês, entre parênteses, evitando-se assim possíveis equívocos de interpretação por parte do leitor.

---

14 VENESKY, Richard L. In: HARRIS, Theodore L.; HODGES, Richard E. *Dicionário de alfabetização*: vocabulário de leitura e escrita. Trad. Beatriz Viégas-Faria. Porto Alegre: Artes Médicas Sul, 1999. p. 153.

Nesse dicionário há um verbete para "letramento", no qual são também citadas as palavras "iletrado", "a-letrada" e "pré-letrada". Não se encontram verbetes para os demais termos em análise, mas é significativo o fato de o verbete *"literacy"* constar de um dicionário de Linguística, e, mais especificamente, de ter sido traduzido por "letramento". Essa opção indica, dentre outros aspectos, que nos últimos anos vem se acentuando rapidamente a tendência de se traduzir *"literacy"* por "letramento", com significados muito próximos entre si.

> Letramento *(literacy)* – A capacidade de ler e escrever de maneira eficaz. O letramento é a capacidade de ler e escrever, e isso parece bem simples. Mas não é. Entre os dois extremos constituídos pelo domínio magistralmente perfeito da leitura e escrita, de um lado, e pelo completo *não letramento*, de outro, encontramos um número infinito de estágios intermediários: o letramento é gradual. [...]

> Um indivíduo que não tem as capacidades de ler e escrever típicas de sua comunidade é *iletrado*; uma sociedade que não tem um sistema de escrita reconhecido é *a-letrada* ou, às vezes, a depender do contexto histórico, *pré-letrada*. [15]

O *Dicionário de análise do discurso*, de Patrick Charaudeau e Dominique Mainguenau, por sua vez, foi publicado na França em 2002, e a tradução brasileira, feita por um grupo de linguistas, foi publicada também em 2004. Nesse dicionário, "letramento" é a tradução de *"littératie"*, embora o termo original em francês não esteja registrado. Não se encontram verbetes para os demais

---

15 TRASK, R. L. *Dicionário de linguagem e lingüística*. Trad. Rodolfo Ilari. São Paulo: Contexto, 2004. p. 154-5, grifos do autor.

termos em análise, mas é também significativo o fato de "letramento" constar como verbete de um dicionário de análise do discurso.

> TERMO "LETRAMENTO" – Recentemente difundido, esse termo é de uso ainda restrito. Dele podem-se distinguir três sentidos principais:
>
> *Em primeiro lugar, remete a um conjunto de saberes elementares, em parte mensuráveis:* saber ler, escrever, contar. É a significação contida nas publicações de vastas pesquisas internacionais, que buscam avaliar o nível de letramento dos países a partir de indicadores comuns. [...]
>
> *Em segundo lugar, o termo designa os usos sociais da escrita:* trata-se de "aprender a ler, a escrever e a questionar os materiais escritos. A terceira parte é essencial para a obtenção do êxito" (Hautecoeur, ed, 1997). Essa abordagem tem o mérito do realismo. [...] Parece legítimo, portanto, conceber vários tipos de letramento: um "letramento familiar" (Unesco, 1995), um "letramento religioso" ou, ainda, um "letramento digital".
>
> *Enfim, em um terceiro sentido, o letramento é concebido como uma cultura que se opõe à cultura da "orality"* (Ong, 1982). O termo remete a uma noção ampla de "cultura escrita", a um universo de práticas e de representações característico de sociedades que utilizam a escrita. Estudar o letramento inclui analisar os usos da escrita, a divisão social dos saberes, os valores particulares veiculados pelo mundo letrado.[16]

Como se pode notar, nas últimas décadas vem-se configurando, em vários países, certo consenso quanto à necessidade de se ampliar o sentido da "capacidade mínima de ler e escrever em uma determinada língua".

---

16 CHARAUDEAU, Patrick; MAINGUENAU, Dominique. *Dicionário de análise do discurso*. Coord. trad. Fabiana Komesu. São Paulo: Contexto, 2004. p. 300-1.

Mas, como vimos, o mesmo não acontece com a definição de um conceito e um termo correspondentes a essa necessidade, especialmente no caso brasileiro, em que, como decorrência de especificidades de nossas condições políticas, sociais e culturais, é mais recente a introdução de discussões sobre o tema. Já se alcançou relativa clareza quanto à insuficiência do que se vinha designando por "alfabetização", mas não se "decidiu" ainda qual termo é o mais "consensual" para designar o novo fenômeno.

Em síntese, no Brasil, atualmente: "letramento" é a palavra mais recorrentemente utilizada na maioria dos textos acadêmicos sobre o tema e se encontra também no dicionário geral mais recente e nos dicionários técnicos de linguística abordados; "alfabetismo" (considerada mais "vernácula") é utilizado em alguns textos acadêmicos, como veremos nos Capítulo 4, sendo, por vezes, apresentado juntamente com "letramento" e encontrando-se também nos três dicionários gerais; e "lectoescrita" é o termo que figura no dicionário técnico de alfabetização abordado, em sentido que se quer semelhante ao de "letramento" e "alfabetismo", porém, como veremos no Capítulo 3, "lectoescrita" é mais recorrentemente utilizado em sentido relativamente diferente, nas propostas e práticas alfabetizadoras decorrentes do pensamento de Emilia Ferreiro.

3 Das primeiras letras ao letramento

Antes das primeiras letras

Após o descobrimento do Brasil, os portugueses se empenharam num processo de colonização que rendesse riquezas para a metrópole portuguesa e, ao mesmo tempo, almas convertidas para a religião católica. Nesse processo, desempenharam papel fundamental os padres da Companhia de Jesus, que começaram a chegar em 1549 e criaram as "escolas de ler, escrever e contar", com a finalidade de catequizar, para cristianizar, e instruir, para civilizar, os índios, considerados gentios, ou seja, pagãos e "papel branco" ou *tabula rasa*", onde se poderia escrever a palavra de Deus e o que mais se quisesse.

Em 1553, o padre José de Anchieta iniciou a "transcrição alfabética e a gramaticalização"[17] da língua tupi, considerada a mais comum dentre as línguas indígenas

---

17 SILVA, Mariza Vieira da. Alfabetização, escrita e colonização. In: ORLANDI, E. (Org.) *História das idéias lingüísticas*: construção do saber metalingüístico e constituição da língua nacional. Campinas: Pontes; Cáceres: Unemat, 2001. p. 139-154.

existentes na época. Essa língua passou a ser denominada de "língua geral" e a ser utilizada no ensino e conversão dos índios, embora a língua oficial fosse o português da metrópole. Assim, as "escolas de ler, escrever e contar" se tornaram o lugar por excelência para o ensino, a conversão e o aprendizado da escrita alfabética, como meio de inserção dos gentios em uma civilização já letrada e civilizada.

Inicialmente, o foco de atenção dos jesuítas foi a criança indígena, em particular o menino curumim, que poderia disseminar os novos ensinamentos aos mais velhos e também servir de intérprete ("meninos-língua") e auxiliar nas atividades religiosas. Aos poucos, os jesuítas foram adotando a estratégia de misturar índios, mestiços, colonos e órfãos vindos de Portugal, tanto nas "escolas de ler e escrever", onde o ensino primário deveria ser um prolongamento da catequese, quanto nos colégios, cujo objetivo inicial era preparar novos missionários.

Com o passar do tempo, porém, a educação jesuítica foi sendo reduzida aos colégios, e acabou se destinando aos filhos dos colonizadores e dos senhores de engenho, mesmo os que não mostravam vocação para o sacerdócio. Isso porque o Curso de Humanidades ministrado nesses colégios, onde se ensinavam latim, filosofia e teologia, era o único meio de instrução e formação intelectual dos "letrados", ao mesmo tempo em que os habilitava a ingressar em universidades portuguesas.

Pode-se afirmar, portanto, que desde o período colonial existia neste país um grande número de pessoas que não sabiam ler e escrever nem tinham instrução elementar, ou de primeiras letras. Mas essas pessoas não se autodenominavam analfabetas, nem iletradas, o que vale especificamente para os índios, que sequer conheciam a existência do alfabeto, assim como as práticas de leitura e escrita não existiam em sua cultura oral quando ainda intocada pela cultura letrada dos portugueses. Processo complexo, a escolarização do índio envolveu, concomitantemente, a criação de uma escrita alfabética para a língua geral (materna), o aprendizado de uma segunda língua, o português oral e escrito, e a imposição de passagem de uma cultura ágrafa sem sistema de escrita (a-letrada e pré-letrada), centrada na oralidade, para uma cultura grafocêntrica (dos portugueses), dotada de um sistema de escrita, e letrada, centrada nas Humanidades e nas Ciências.

De qualquer modo, para a grande maioria dos habitantes do Brasil-Colônia, tratava-se de aprender uma outra língua e uma outra cultura, antes das primeiras letras, que, então, significavam quase literalmente as letras do alfabeto, algo muito distante de tornar-se "letrado", tanto no sentido da época quanto no de hoje.

A descoberta do analfabeto e do analfabetismo

Com a expulsão dos jesuítas do país, em 1759, em decorrência das reformas do marquês de Pombal inspiradas nas ideias iluministas, iniciou-se um processo de organização da instrução pública cujo objetivo era formar o indivíduo para o Estado (português) e não mais para a Igreja (católica). Dentre as reformas na instrução pública, destacavam-se as "aulas régias", que se estenderam por todo o período imperial e eram conduzidas por um mestre-escola, geralmente com pouca ou nenhuma formação específica, que acabava reunindo, em sua própria casa e em um mesmo ambiente, muitos alunos "[...]

de idades diversas e de graus distintos de adiantamento, com eles estabelecendo uma relação individual".[18]

Mas somente com a proclamação da Independência do Brasil, em 1822, e a decorrente instalação de uma monarquia constitucional e criação do Estado-nação, começaram a ser tomadas algumas medidas mais abrangentes em relação à instrução pública e à organização política e social do país. A gratuidade da instrução primária passou a constar da Constituição Imperial de 1824 e foi regulamentada por lei de 1827, considerada a primeira tentativa de se criarem diretrizes nacionais para a instrução pública, uma vez que nessa lei se estabelecia a criação de escolas de primeiras letras destinadas à população livre (de ambos os sexos) e se regulamentavam o método de ensino (monitorial-mútuo), o recrutamento de professores e o controle de suas atividades, dentre outros aspectos.

Foi difícil, porém, concretizar a extensão da instrução elementar a toda a população, devido, sobretudo, à falta de escolas, de professores e de organização administrativa adequada. Nesse cenário, começam a se registrar avanços a partir das décadas finais do Império. Com a paulatina libertação dos escravos e a chegada de imigrantes, foi-se colocando no âmbito das discussões sobre a instrução pública o problema da instrução popular e da ampla difusão da escola elementar, estimulando-se iniciativas com o objetivo de organizar o ensino. Como exemplo, existem as séries de livros de leitura, comum até os dias atuais, e que foram inauguradas em nosso país em 1868, quando o baiano Abílio César Borges, barão de Macaúbas, inicia a publicação de uma série de

---

18 VAINFAS, Ronaldo (Dir.). *Dicionário do Brasil colonial*: 1500-1808. Rio de Janeiro: Objetiva, 2000. p. 55.

cinco livros de leitura (incluindo o que se destinava ao ensino inicial da leitura) para a escola elementar.

Apesar dos esforços, para a grande maioria dos habitantes do país a iniciação nas primeiras letras continuava não sendo possível, ou continuava sendo resolvida na esfera privada, isto é, ficava "[...] por conta das famílias, que, dependendo da importância e do sentido que conferiam à aquisição da cultura letrada, realizavam esforços, ou não, para enviar e manter seus membros em uma 'escola', que correspondia, de fato, a uma multiplicidade de formas e locais de ensinar e aprender".[19]

É que pesavam as marcas de três séculos de colonização portuguesa, cuja herança, no âmbito da instrução primária, pode ser sentida nos dados do censo realizado meio século após a Independência: mais de 85% da população era analfabeta e "[...] incapaz de ler um jornal, um decreto do governo, um alvará da justiça, uma postura municipal";[20] entre esses, incluíam-se muitos dos grandes proprietários rurais.

Como já vimos, a palavra "analfabeto" surgiu no século XVIII, assim como a preocupação com a instrução elementar. Mas foi somente no final do Império que novos fatos e ideias conferiram visibilidade à condição de analfabeto e ao correspondente fenômeno designado de "analfabetismo", que emergiu como um problema de caráter eminentemente político com a proibição do voto do analfabeto em 1881/1882. Vale lembrar que, nessa época, a palavra era usada como *substantivo masculino*, uma vez que se tratava de legislar sobre quais *homens* poderiam votar; desde a

---

19 VILLELA, Heloísa de O. S. O mestre-escola e a professora. In: LOPES, Eliana M. e outros (Org.) *500 anos de educação no Brasil*. 2. ed. Belo Horizonte: Autêntica, 2000. p. 95-134, 98.

20 CARVALHO, José Murilo. *Cidadania no Brasil:* o longo percurso. Rio de Janeiro: Civilização Brasileira, 2001. p. 32.

Constituição de 1824 já não eram incluídos no direito ao voto as mulheres, os mendigos, os soldados e os membros de ordens religiosas, além, obviamente, dos escravos, que nem eram considerados "cidadãos".

É importante ressaltar, ainda, que, no contexto social, cultural e educacional dessa época, o ensino das primeiras letras continuava significando o ensino dos rudimentos da leitura e escrita, muito próximo do ensino das letras do alfabeto. E, apesar de que já tivesse sido indicado o ensino simultâneo da leitura e escrita desde meados do século XIX, a leitura continuou em primeiro plano, tanto por ser dispendioso o material necessário para o ensino da escrita, quanto por se atribuir maior importância ao saber ler do que ao saber escrever, este muitas vezes identificado apenas com a assinatura do nome ou com a caligrafia, portanto, como uma questão de "higiene". E o ensino da leitura se baseava, predominantemente, no método da soletração e no método da silabação, os quais eram tidos como rotineiros e "tradição herdada", embora, ao longo da década de 1870, tenha sido disseminada pelo menos uma discussão sistemática dessa "rotina" e uma proposta para a metodização do ensino da leitura, com base no método da palavração.[21]

A escolarização do ensino da leitura e da escrita

Com a proclamação da República, em 1889, intensificou-se a necessidade de intervenção institucional na for-

---

[21] Trata-se das iniciativas do professor Antonio da Silva Jardim, que divulgou em algumas províncias brasileiras "o método João de Deus", contido na *Cartilha maternal*, escrita pelo poeta português João de Deus e publicada em Portugal em 1872. A respeito das questões relacionadas com métodos de ensino da leitura e escrita que serão abordadas daqui em diante neste capítulo, ver: MORTATTI, M. R. L. *Os sentidos da alfabetização*: São Paulo – 1876/1994. São Paulo: UNESP; Brasília: MEC/Inep/Comped, 2000.

mação dos cidadãos, sobretudo das novas gerações, por meio da educação e da instrução primária, com o objetivo de reverter o "atraso do Império" e fundar uma "civilização nos trópicos". Concomitantemente, intensificou-se também a necessidade de se implementar o processo de escolarização das práticas culturais da leitura e escrita, entendidas, do ponto de vista de um projeto político liberal, como agente de "esclarecimento das massas" e como fundamentos da nova ordem política, econômica e social desejada.

No estado de São Paulo, essas novas necessidades geraram a organização de um "aparelho escolar" que logo se tornou modelar para outros estados brasileiros. Sintetizado e institucionalizado na reforma Caetano de Campos, de 1892, esse modelo se baseava em novas e modernas soluções, dentre as quais: a criação de escolas normais, para a formação dos professores primários; a criação de escolas graduadas (reunião de escolas multisseriadas em grupos escolares), para disciplinarização, unificação e controle do ensino primário; e a introdução de novos e mais adequados métodos e processo de ensino, como o método intuitivo e o método analítico para o ensino da leitura, bem como de material didático para esse fim.

Derivado da estreita relação entre ideais republicanos, processo de organização de um sistema público de ensino, escolarização e metodização do ensino da leitura (e escrita), o clima de confiança quase eufórica na educação escolar, característico das décadas iniciais de implantação do novo regime político, foi demandando um conjunto de tematizações, normatizações e concretizações relacionadas com o ensino da leitura (e escrita), conferindo-lhe, assim, maior visibilidade. Nesse contexto, novos fatos e novas ideias foram configurando novas e mais sistemáticas maneiras de compreender as funções da leitura e da escrita.

Também se atribuía maior importância à leitura e a seu ensino, cuja metodização foi objeto de acirradas disputas entre autoridades educacionais e educadores. Embora algumas figuras da época continuassem propondo o ensino simultâneo da leitura e da escrita, a discussão incidia, mais diretamente, sobre o ensino da leitura (elementar ou inicial) e sobre os métodos desse ensino. Por serem considerados sintéticos, em desacordo com os avanços científicos da época e um fator que dificultava a aprendizagem da leitura, sobretudo, os métodos da soletração e silabação foram duramente combatidos a partir do início da década de 1890. Para substituí-los, propuseram-se os métodos analíticos, especialmente o da sentenciação e o da historieta.

Por leitura entendia-se, de maneira geral, uma atividade de pensamento cuja finalidade era comunicar-se com o "pensamento de outrem" expresso pela escrita; por saber ler, entendia-se, também, ler em várias formas de letra (manuscrita e de fôrma, maiúsculas e minúsculas). A palavra "escrita" se referia à caligrafia, entendida, juntamente com a ortografia, como "especialidades acessórias", meios para alcançar a finalidade da leitura,[22] e uma questão, ainda, de "higiene". Para a aprendizagem inicial da escrita, o aluno usava ardósias e, posteriormente, cadernos de caligrafia, sendo também importante o tipo de carteira e a posição em que o aluno sentava para escrever. O uso da caligrafia vertical era o mais indicado nessa época, por ser considerado mais moderno, próximo da letra da máquina de escrever.

---

22 RIBEIRO, Hilário. Methodo a seguir. In: _____. *Cartilha nacional*: novo primeiro livro – ensino simultâneo da leitura e escripta. 228 ed. Rio de Janeiro: Francisco Alves; 1936. p. 75-9.

Fazia-se, ainda, uma certa distinção entre o ensino *inicial* da leitura e o ensino da leitura nos anos escolares subsequentes ao primeiro. A continuidade da publicação de séries de livros de leitura é um importante indicador dessa distinção: na cartilha (ou primeiro livro, em algumas dessas séries de livros de leitura) aprendia-se a leitura "decifração", e, nos livros seguintes (até o quarto ou quinto), o aluno deveria caminhar da "leitura corrente" para a "leitura expressiva" e a "leitura silenciosa".

Como se pode notar, nas décadas iniciais do novo regime ainda havia brasileiros que não sabiam ler nem escrever, e essa condição continuava sendo um problema político. A primeira Constituição republicana, de 1891 (que esteve em vigência até o início dos anos de 1930), continuou discriminando esses brasileiros, pois manteve a proibição do voto do analfabeto (homem), sob o argumento principal de que essa proibição lhe serviria de poderoso incentivo para sair de seu estado de ignorância, considerando-se inclusive os analfabetos recém-libertos da escravidão pela lei de 1888.

Algumas vozes discordantes lastimavam o uso político da circunstância de o indivíduo saber, ou não, ler e escrever ou advertiam para o equívoco de se considerarem como incompetentes os cidadãos analfabetos, que até poderiam ser "[...] superiores em critério moral e social a muitos capitalistas letrados".[23] Mesmo assim, na primeira Constituição republicana, os analfabetos foram duplamente discriminados: a eles foi imputada a causa do problema do analfabetismo; e eles é que deveriam buscar a instrução como um ato de virtude e vontade

---

23 *Annaes da Camara dos Deputados*, apêndice, p. 8, apud CURY, Carlos R. J. *Cidadania republicana e educação*: governo provisório e congresso constituinte de 1890-1891. Rio de Janeiro: DP&A, 2001. p.195

pessoal, pois o Estado (liberal) se omitiu em relação à garantia de obrigatoriedade e gratuidade da instrução pública primária.

Apesar desses entraves à plena realização dos direitos políticos, civis e sociais de todos os cidadãos, as luzes lançadas sobre a educação conferiram um tom mais positivo, digamos assim, às discussões e propostas, fazendo que fosse ressaltada a necessidade de ensinar a ler e escrever, e, de certo modo, ofuscando as discussões sobre o analfabeto e o analfabetismo.

Por fim, é importante ressaltar que, talvez porque os efeitos da disseminação sistemática da instrução primária ainda não se fizessem sentir nem a consciência de privação ainda tivesse conseguido evidenciar um conjunto significativo e abrangente de "providos", as palavras "alfabetizar" e correlatas não eram utilizadas de forma corrente e no sentido que hoje conhecemos, especialmente "alfabetizado" como antônimo de "analfabeto", e "alfabetismo" como antônimo de "analfabetismo".

Contra o analfabetismo, a alfabetização do povo

Particularmente no caso paulista, ao longo das duas primeiras décadas do século XX foi-se consolidando tanto o processo de expansão do "aparelho escolar", de disseminação da instrução (pública) elementar, constatada por meio do aumento do número de matrículas e da média de frequência dos alunos à escola, quanto a oficialização do método analítico para o ensino da leitura. Outros novos fatos e novas ideias foram sendo reconhecidos e formulados, sobretudo em decorrência dos problemas políticos e econômicos gerados pela Primeira Guerra Mundial, e problemas sociais e culturais gerados, em algumas grandes cidades de certas regiões do país, pelo processo de urbanização e pela chegada de grandes contingentes de imigrantes. Foram-se evidenciando, também, as limitações do sistema de instrução pública paulista, e novos contornos e significados foram sendo conferidos ao ensino da leitura (e escrita).

As palavras "analphabetismo", "analphabeto", "alphabetização", "alphabetizado" começaram a ser gradativamente difundidas e utilizadas sempre em estreita relação com a escola, ressaltando-se que a expressão "ensino da leitura (e escrita)" continuava, então, a ser utilizada como equivalente a "alphabetização". Como exemplo e uma espécie de síntese da então recente utilização e emergente difusão dessas novas palavras, podem-se destacar as formulações e iniciativas de dois insignes representantes da administração da instrução pública do estado de São Paulo: o professor Oscar Thompson e o professor Antônio de Sampaio Dória.

Na condição, por duas gestões, de diretor geral da instrução pública do estado de São Paulo, e visando à implementação de uma escola moderna e sintonizada com os anseios da pedagogia moderna, Thompson tinha como uma de suas preocupações dominantes o "problema do ensino da leitura aos analphabetos".[24] Para enfrentá-lo, dentre outras iniciativas e além de "oficializar" o método analítico para o ensino da leitura nas escolas primárias paulistas, em *Carta Circular* de 1918 Thompson solicitava sugestões sobre como resolver o problema

---

24 THOMPSON, Oscar. Relatório apresentado ao Exmo. Sr. Secretario do Interior. In: SÃO PAULO (Estado). *Annuario do ensino do Estado de São Paulo: 1909-1910.* São Paulo: Typographia do "Diario Official", 1910. p. 9.

do analfabetismo e, no Relatório contido no *Annuario do ensino,* de 1918, "inaugurou" a palavra "alphabetização" para designar "oficialmente" o ensino inicial da leitura (e escrita), ao se referir ao "insucesso da alphabetização" evidenciado pelos dados estatísticos relativos às taxas de reprovação no 1º ano.

Dessa *Carta Circular* deriva, dentre outras respostas, a carta aberta "Contra o analphabetismo", elaborada por Antonio de Sampaio Dória,[25] onde foram apresentadas as bases de um plano de extinção desse "monstro canceroso", o "maior mal do Brasil", que impedia o progresso do país. Esse plano estava estreitamente vinculado aos princípios e objetivos da Liga Nacionalista e centrado no reconhecimento da "urgência salvadora do ensino elementar às camadas populares" como condição de exercício da cidadania democrática e como forma de combate ao "analphabetismo", que se tornara "questão nacional por excelência". Era preciso "alphabetizar o povo" para "assimilar o estrangeiro", aspirando a oferecer-lhe "tres beneficios minimos": saber ler, escrever e calcular.[26]

Esse "ideal de alphabetizar, sem distincções" todos os "analphabetos [crianças e adultos] sem escola" foi a "espinha dorsal"[27] da reforma do ensino paulista realizada em 1920 por Sampaio Dória, durante sua gestão como diretor da Instrução Pública. Nessa reforma, a solução para a alfabetização do povo concentrou-se na redução da escolaridade primária de quatro para dois anos. E, embora se estabelecesse a "autonomia didática", o

---

25 Nessa época, Sampaio Dória era professor da cadeira de Psicologia e Pedagogia da Escola Normal de São Paulo, e presidente da Liga Nacionalista de São Paulo.

26 SAMPAIO DÓRIA, Antônio. Contra o analphabetismo. In: _____. *Questões de ensino.* v. 1 – A Reforma de 1920, em S. Paulo. São Paulo: Monteiro Lobato & Cia. Editores. 1923. p. 15-26.

27 Idem, p. 149.

método intuitivo e o método analítico continuaram a ser defendidos como "uma resposta pedagógica a um desafio político".[28]

Assim, a partir das décadas iniciais do século XX, começaram a se utilizar e difundir as palavras "analphabeto" (aquele que ainda não aprendeu a ler e escrever, porque não iniciou os estudos escolares ou foi reprovado no primeiro ano escolar); "analphabetismo" (estado ou condição de analfabeto); "alphabetização" (ato ou efeito de alfabetizar, ou seja, ensinar, na escola, a ler e escrever aos analfabetos), "alphabetizado" (aquele que aprendeu a ler e escrever, ou seja, foi aprovado no primeiro ano escolar). Inserida no contexto de uma intensa campanha contra o analfabetismo, a alfabetização do povo passou, então, a ser entendida em toda a sua força política e potencialmente nacionalizadora, relacionada com a noção de "educação popular" e com a necessidade de eficiência da escola, medida pelo número de matrículas e aprovações no primeiro ano.

Alfabetização na educação renovada

Ao longo da década de 1920, acompanhando modificações de ordem econômica e social, outras reformas educacionais foram sendo realizadas em outros estados brasileiros. Juntamente com a expansão de uma nova literatura educacional, com a presença dos "educadores profissionais" e com os debates sobre educação e pedagogia — sobretudo nas conferências nacionais patrocinadas pela As-

---

28 CARVALHO, Marta M. C. de. Reformas da instrução pública. In: LOPES, Eliana Marta T.; FARIA FILHO, Luciano M.; VEIGA, Cynthia G. (Org.) *500 anos de educação no Brasil.* Belo Horizonte: Autêntica, 2000. p. 225-51, 230.

sociação Brasileira de Educação, fundada em 1924 —, essas reformas testemunham a penetração, no Brasil, do ideário da Escola Nova.[29]

O problema do analfabetismo continuou sendo retomado como legitimação política dessas reformas; mas o eixo das discussões e propostas era um programa modernizador da sociedade e de revisão das finalidades e funções da escola. Nesse âmbito, a reforma da instrução pública foi-se configurando como estratégia política, cujo alvo não era mais a "mera alfabetização", mas a verdadeira educação "da inteligência, do coração e das mãos", como afirmava o educador escolanovista pernambucano Antônio de Carneiro Leão.[30]

Contra o "fetichismo da alfabetização intensiva" ou da "escola alfabetizante", educadores escolanovistas apresentavam duros argumentos e propostas.

Para Lourenço Filho, reformador da instrução pública do Ceará e diretor da instrução pública paulista em 1930-1931, a escola deveria deixar de ser um "aparelho formal de alfabetização" para se tornar um "organismo vivo, capaz de refletir o meio" e promover uma reforma de costumes, capaz de ajustar "os homens a novas condições de vida, pela pertinácia da obra de cultura, que a todas as atividades impregne, dando sentido e direção à organização de cada povo".

Para Francisco Campos, reformador da instrução pública mineira, em 1926, e ministro da Educação e Saúde de 1930 a 1932, a orientação e o incremento do ensino primário eram fundamentais para o futuro das institui-

---

29 MONARCHA, Carlos. *A reinvenção da cidade e da multidão* – dimensões da modernidade brasileira – a Escola Nova. São Paulo: Cortez, 1989.

30 Estas citações de textos de Antonio de Carneiro Leão, assim como as de Lourenço Filho, Francisco Campos e Anísio Teixeira apresentadas a seguir foram extraídas de: CARVALHO, Marta M. C., op. cit., p. 225-51.

ções democráticas. "Saber ler e escrever não são, porém, títulos suficientes à cidadania digna desse nome. Não basta, pois, difundir o ensino primário [...] Se este ensino não forma os homens, não orienta a inteligência e não destila o senso comum, que é o eixo em torno do qual se organiza a personalidade humana, pode fazer eleitores, não terá feito cidadãos."

Para Anísio Teixeira, reformador da instrução pública baiana, em 1926, e diretor geral da instrução pública do Distrito Federal em 1931-1935, por sua vez, a opção por um "ensino primário incompleto", como proposto na reforma paulista de 1920, era inaceitável para outros estados brasileiros, como a Bahia, onde se deveria evitar a iniciação nas letras do alfabeto e nos rudimentos da aritmética, história e geografia, pois, sem perspectiva de continuidade de seu uso, esses instrumentos seriam um "elemento de desequilíbrio social". Isso porque entendia educação como um "[...] processo de contínua transformação, reconstrução e reajustamento do homem ao seu ambiente social móvel e progressivo".

Os debates sobre educação e ensino concomitantes a essas reformas trouxeram à tona, portanto, uma outra aspiração de instrução pública. A partir da década de 1930, coincidindo com o clima gerado pela Revolução de Outubro e os decorrentes e gradativos processos de reorganização do Estado-nação, tem-se, no âmbito da educação e do ensino, a unificação, em nível federal, de diretrizes derivadas dessas experiências estaduais. E a Constituição de 1934 voltou a estabelecer a gratuidade e a obrigatoriedade, em âmbito nacional, do ensino primário (de quatro anos), extensivo aos adultos.

Disseminou-se, assim, por um lado, o esforço em contemplar a crescente demanda da população (especificamente de considerável número de crianças em idade escolar) por um lugar (que não sobejava) nas escolas existentes. Por outro lado, disseminaram-se os princípios e práticas escolanovistas, centrados em nova concepção de infância e ensino, baseada na psicofisiologia, de que derivava novas necessidades: de participação central do aluno no processo de aprendizagem escolar; de utilização de métodos ativos de ensino; de racionalização do espaço, do tempo, das técnicas e das relações escolares; de testes para medida da inteligência e da maturidade para o aprendizado da leitura e escrita.

Nesse contexto, juntamente com as palavras "analfabeto" e "analfabetismo", continuava a ser utilizada a expressão "ensino da leitura e escrita", para designar um problema ainda central do ponto de vista político, social e cultural; mas foi-se tornando cada vez mais frequente a utilização da palavra "alfabetização", designando um processo que talvez nos seja mais familiar, dada a proximidade no tempo: o ensino e a aprendizagem (ou, mais recentemente, ensino-aprendizagem) (iniciais) da leitura e da escrita.

É que, nesse momento histórico, sob influência da psicologia experimental, às questões prioritariamente relativas ao ensino vêm-se acrescentar e, tendencialmente, sobrepor-se as relativas à aprendizagem (inicial e simultânea) da leitura e da escrita enquanto técnicas fundamentais (juntamente com o cálculo) da escola primária.

A escrita passou a ser entendida não mais como questão exclusiva de caligrafia, mas como um meio de comunicação e instrumento de linguagem. Seu ensino deveria ser orientado adequadamente, a fim de despertar o interesse da criança e proporcionar um aprendizado eficiente e funcional, garantindo clareza, legibilidade e rapidez à escrita, tanto para quem escrevia quanto para quem lia.

EDUCAÇÃO E LETRAMENTO

Uma das propostas em que se condensavam esses novos preceitos fundamentava-se na caligrafia muscular, e foi formulada, a partir de 1936, em textos da professora Orminda Marques, a partir de experiências realizadas no Instituto de Educação do Distrito Federal com base em estudos e experiências anteriores de Lourenço Filho. De acordo com esse sistema muscular, baseado na psicologia da aprendizagem e na fisiologia do trabalho, o ensino da escrita deveria ser graduado e seriado. Partindo-se de exercícios preparatórios que objetivavam o controle, por parte da criança, dos movimentos da mão e do antebraço e adequando-se sua postura na carteira, a regularidade do ritmo no traçado das letras e a constância do lápis ou pena sobre o papel, dever-se-ia obter um tipo pessoal de escrita, embora se prescrevesse a escrita cursiva inclinada para a direita, ligada e sem talhe, considerada "[...] a mais natural, mais legível, de execução mais rápida e que maiores possibilidades de variação individual permite, dentro das boas normas de escrita socializada".[31]

A leitura, por sua vez, passou a ser entendida, não mais como "processo ou habilidade de interpretar o pensamento escrito de outrem", mas como meio de ampliar as experiências, estimular poderes mentais. Para tanto, foram sendo defendidas e introduzidas nas escolas novas práticas de leitura, que envolviam, dentre outras iniciativas: incentivo e utilização intensiva da leitura silenciosa, sem movimentação dos lábios e sem acompanhamento das letras com os dedos; disponibilização de maior quantidade de livros; criação de bibliotecas escolares e de classe; promoção de clubes de leitura.

---

[31] MARQUES, Orminda I. *A escrita na escola primária*. São Paulo: Melhoramentos, 1936. p. 87 (Biblioteca de educação).

Nesse contexto relacionado com novas maneiras de compreender os fenômenos envolvidos, as discussões sobre métodos de ensino da leitura foram se concentrando nos métodos mistos ou no método global, mas cedendo espaço para as discussões relativas aos aspectos psicológicos — em detrimento dos linguísticos e pedagógicos — envolvidos na aprendizagem da leitura e escrita, sobretudo após a publicação do livro *Testes ABC para verificação da maturidade necessária ao aprendizado da leitura e da escrita* (1934), de M. B. Lourenço Filho. E, embora permanecesse a estreita relação entre alfabetização e escola, nesse processo passaram a ser incluídos sistematicamente os problemas referentes à alfabetização de adultos, abrangida pela educação popular.

Os novos fins da educação passaram a demandar soluções voltadas para a função socializadora e adaptadora da alfabetização no âmbito da educação popular, a ser realizada de maneira rápida, econômica e eficiente,[32] a fim de integrar o elemento estrangeiro, fixar o homem no campo e organizar a educação nacional, ou seja, visando a uma educação renovada, centrada na psicologia aplicada à organização da escola e do ensino e adequada ao projeto político de planificação e racionalização em todos os setores da sociedade brasileira.

Assim, sobretudo a partir da década de 1930, expandiu-se de forma considerável a instrução primária, organizada sobre novas bases políticas e científicas. O maior número de crianças na escola, porém, não implicava diretamente redução das taxas de analfabetismo, pois não

---

[32] Essa posição é defendida por M. B. Lourenço Filho, de modo sistemático e científico, e também por outros professores, que, sobretudo após a década de 1930, passam a defender a utilização de métodos sintéticos ou mistos de alfabetização, a fim de se obterem melhores resultados que aqueles propiciados pela "morosidade" do método analítico.

EDUCAÇÃO E LETRAMENTO

podiam ser considerados alfabetizados aqueles que não fossem aprovados ao final do primeiro ano escolar. Além do que, como vimos, em 1950 a taxa de escolaridade média da população de 7 a 14 anos era ainda de 36%. Também era preciso pensar e praticar, sobre outras bases, o ensino e a aprendizagem da leitura e da escrita. E, acompanhando essas novas exigências sociais em relação à leitura e à escrita, como vimos, foi também a partir do censo de 1950 que se passou a considerar alfabetizado aquele capaz de ler e escrever um bilhete simples, no idioma que conhecesse; aquele que soubesse apenas assinar seu nome era considerado analfabeto.

A palavra "alfabetização" passou, portanto, a partir desse momento histórico, a designar um processo de caráter funcional e instrumental, relacionado com o escolanovismo e com o ideário político liberal de democratização da cultura e da participação social. Desse ponto de vista, "alfabetização" passou a designar explicitamente um processo escolarizado e cientificamente fundamentado, entendido como meio e instrumento de aquisição individual de cultura e envolvendo ensino e aprendizagem escolares simultâneos da leitura e da escrita, estas entendidas como habilidades específicas que integravam o conjunto de técnicas de adaptação do indivíduo às necessidades regionais e sociais.

Esse sentido da palavra "alfabetização" foi sendo disseminado pelos discursos, oficiais ou não, pelas práticas pedagógicas e, sobretudo, pelas cartilhas de alfabetização.[33] Tais discursos e práticas, é importante ressaltar, conviveram, sobretudo na década de 1960, com um sig-

---

33 A esse respeito, ver: MORTATTI, M. R. L. Cartilhas de alfabetização e cultura escolar: um pacto secular. *Cadernos CEDES,* 52 (Cultura escolar - história, práticas e representações), 2000, p. 41-54.

nificativo conjunto de iniciativas de caráter político e social encetadas por educadores comprometidos com a educação popular e a alfabetização de adultos, com destaque para a significativa atuação do educador Paulo Freire. Do ponto de vista proposto por esse educador, os sentidos das palavras "alfabetização", "alfabetizado", "analfabetismo", "analfabeto" se alargaram, passando a abranger questões relacionadas não apenas à aquisição do código escrito em situação escolar, mas também à "leitura do mundo" e, em decorrência, a uma participação mais consciente de cada cidadão na transformação da realidade política, social e cultural brasileira.

Vale lembrar ainda que, em 1961, foi promulgada a Lei nº 4024, a primeira Lei de Diretrizes e Bases da Educação Nacional (LDB), e que a Constituição de 1967, dentre outras disposições, estendeu a gratuidade e obrigatoriedade do ensino para oito anos, equivalendo ao ensino de 1º. grau, conforme regulamentado pela Lei 5692, de 1971, momento em que, como vimos, a taxa de escolaridade média da população de 7 a 14 anos estava em 67%.

Porém, a intensa urbanização do país e a consequente demanda pelo crescimento da rede física de escolas foram empecilhos para a extensão da escolarização, e essa "ampliação das oportunidades" não se fez acompanhar da democratização, de fato, do acesso à escola pública de oito anos por parte de todos os brasileiros. Além disso, as mudanças na educação e no ensino decorrentes da implementação dessa lei foram estabelecendo gradativamente o predomínio da perspectiva tecnicista, e, no que se refere à alfabetização em particular, relacionando-a a perspectivas predominantemente comportamentalista (em termos de aprendizagem) e comunicacional (em termos linguísticos). Tais problemas se acentuaram com a "chegada" à escola de crianças de camadas sociais menos privilegiadas, com competências linguísticas diferentes da norma culta, o que, dentre outros fatores, contribuiu significativamente para o aumento do "fracasso escolar", sobretudo na alfabetização.

A alfabetização não basta mais

A partir do final da década de 1970 e início da década de 1980, coincidindo com transformações políticas, sociais e culturais decorrentes do processo de "abertura política" que, em nosso país, seguiu-se à ditadura militar iniciada em 1964, os problemas da alfabetização relacionados (ainda que não exclusivamente) com a educação escolar também passaram a ser compreendidos a partir da constatação de outros fenômenos envolvidos.

Buscando responder às novas urgências sociais e políticas decorrentes das pressões pela "abertura política" e pela reorganização democrática das instituições e relações sociais, a partir de então a sociedade civil procurou se reorganizar rapidamente. As discussões e análises dos problemas educacionais brasileiros passaram a abranger programaticamente largo conjunto de aspectos — políticos, econômicos, sociais e pedagógicos — e a se orientar, predominantemente, por uma teoria sociológica dialético-marxista, divulgada e/ou formulada por intelectuais acadêmicos brasileiros de diferentes áreas de conhecimento, em especial Sociologia, Filosofia, História e Educação.

Articulada com a aplicação desse referencial teórico predominante, passou a ser enfatizada a relação dialética e contraditória entre educação e sociedade, esta determinante e ao mesmo tempo determinada por aquela. Tratava-se, desse ponto de vista, de buscar a superação tanto da "consciência ingênua" — relacionada à concepção de "escola redentora", ou seja, uma escola por meio da qual se acreditava, "ingenuamente", poder solucionar todos os problemas políticos, sociais e culturais — quanto da "consciência crítico-reprodutivista" — relacionada à concepção de "escola reprodutora", ou seja, uma escola que era objeto de severas críticas, justamente porque reproduzia e ensinava a reproduzir a ideologia dominante e as desigualdades existentes na sociedade de classes.

Destacavam-se, assim, as finalidades sociais e políticas da escola, não como autoexplicáveis, mas como produzidas historicamente e sujeitas a revisões ideológicas. Em relação a essas finalidades, os meios foram questionados enquanto um conjunto de normas e procedimentos técnicos e neutros a orientarem a ação, num posicionamento crítico explícito contra o tecnicismo considerado herança (indesejada) do ideário escolanovista, sistematizado e oficializado na Lei nº 5692/71 e identificado com o autoritarismo ditatorial do regime político imposto ao país com o golpe militar de 1964.

Os diagnósticos e denúncias dos problemas educacionais encontravam sua síntese na constatação do fracasso escolar das camadas populares, que se verificava especialmente na passagem da 1ª para a 2ª série do ensino de 1º grau. Como causa desse fracasso, denunciavam-se as carências cognitivas, alimentares, culturais e sociais das crianças das classes subalternas; e, como solução, apresentava-se a proposta de "educação compensatória". A validade científica dessa causa e dessa solução passou a ser questionada, e buscou-se compreender o problema tomando-se por base as determinações de uma organização social fundada na desigualdade e na ideologia da classe dominante. Baseando-se nessa ideologia, marginalizavam-se os "diferentes" e neutralizavam-se as diferenças sociais e linguísticas, convertendo-as em desvios e deficiências a serem corrigidas e ajustadas pelos aparelhos ideológicos do Estado, dentre os quais se destacava a escola.[34]

A luta pela democratização das oportunidades sociais, no entanto, não podia prescindir da escola, desde que esta fosse entendida não como espaço de reprodução, mas de resistência à alienação imposta. Essa função da escola deveria ser efetivada, então, mediante um processo de ensino que visasse a fornecer às classes sociais dominadas instrumentos políticos e culturais que contribuíssem para sua emancipação e para a superação da ordem social injusta. Esse processo estava, assim, diretamente relacionado com a relevância social dos conteúdos de ensino e com a formação da cidadania.

Os altos índices de repetência e evasão na 1ª série e o fracasso na alfabetização passaram, desse modo, a ser entendidos como "produzidos pela escola reprodutora", caracterizando-se como indicadores da marginalização e/ou expulsão dos diferentes, ou seja, dos que não se ajustavam às normas, inclusive linguísticas, impostas pela ideologia dominante reproduzida e salvaguardada por essa instituição. Do ponto de vista de uma escola que se queria democrática, portanto, o fracasso não devia ser imputado ao aluno, mas à própria escola, que não conseguia oferecer condições de permanência digna, nem ensino de qualidade àqueles a quem oferecia a oportunidade de nela entrar.

Quanto ao ensino da leitura e escrita, por sua vez, tratava-se de pensá-lo, do ponto de vista didático-pedagógi-

---

34 SOARES, Magda. *Linguagem e escola*: uma perspectiva social. São Paulo: Ática, 1986.

co, como uma questão não apenas técnica, mas principalmente política, dada sua fundamentação em teorias sobre as relações entre linguagem e classe social que expressavam compromissos com a luta contra as desigualdades sociais.

Engendrada com base nessas novas perspectivas de análise, tornou-se recorrente a divulgação de uma versão do passado — então recente — da educação e da alfabetização no Brasil, o qual passou a ser denominado pejorativamente de "tradicional" e responsabilizado pelos problemas a serem enfrentados concretamente a fim de se construírem novos modelos. No momento em que as conquistas políticas conduziam ao restabelecimento da democracia, a escola democrática precisava se tornar realidade, passando da fase de diagnósticos e discursos para a fase das propostas concretas de ação que definem essa escola. Para a efetivação desse projeto de educação democrática, eram necessárias medidas concretas, dentre as quais a opção por teorias e práticas didático-pedagógicas que postulassem, de forma clara e precisa, o modelo de educação, escola, ensino e alfabetização.

Nesse clima de discussões e proposições, foram também gestadas a Constituição de 1988, a Lei 9394 — Lei de Diretrizes e Bases da Educação Nacional (LDB) — de 1996, os *Parâmetros Curriculares Nacionais* para o ensino fundamental e, posteriormente, para o ensino médio, e um conjunto de iniciativas estaduais e nacionais relativas, especialmente, ao ensino e aprendizagem da leitura e escrita, articuladas com o desenvolvimento de estudos e pesquisas acadêmicos sobre educação e alfabetização.

A Constituição de 1988 manteve a gratuidade em todo o ensino público, a obrigatoriedade do ensino fundamental, "[...] inclusive para os que não tiveram acesso na idade própria", além de estabelecer a obrigatoriedade progressiva para o ensino médio. Essa Constituição estendeu, ainda, o voto facultativo aos analfabetos e dispôs sobre medidas e esforços, por parte do poder público e com a mobilização da sociedade, para, nos dez primeiros anos desde sua promulgação, eliminar o analfabetismo e universalizar o ensino fundamental no país.

Na LDB de 1996, a educação escolar pública é dever do Estado e serviço público; e a educação básica, incluindo a educação de jovens e adultos, passa a ser formada pela educação infantil, o ensino fundamental e o ensino médio. Amplia-se, de certo modo, o conceito de educação, que, como disposto em seu artigo 1º, passa a abranger "[...] os processos formativos que se desenvolvem na vida familiar, na convivência humana, no trabalho, nas instituições de ensino e pesquisa, nos movimentos sociais e organizações da sociedade civil e nas manifestações culturais".

Ainda nesse clima da época, foi sendo gestado e efetivado um conjunto de iniciativas referentes ao ensino e aprendizagem da leitura e escrita, articuladas com o desenvolvimento de estudos e pesquisas acadêmicos sobre educação e alfabetização. Esse processo acompanhou: a expansão, a partir do final da década de 1970, dos centros de pesquisa e dos cursos de pós-graduação em Educação, especialmente nas regiões Sul e Sudeste; e, a partir de meados da década de 1980, a gradativa organização dos serviços de extensão universitária e a intensa participação de professores universitários em programas de formação continuada de professores, visando à aplicação da pesquisa científica, em particular dos novos conhecimentos sobre alfabetização.

Dentre tantas iniciativas estaduais e nacionais relativas ao ensino e à aprendizagem da leitura e escrita, tem-

-se, como um entre tantos outros exemplos, a implantação, pela Secretaria de Educação do Estado de São Paulo, do Ciclo Básico (CB) de Alfabetização, em dezembro de 1983. Juntamente com a reforma curricular do ensino de 1º grau, o CB foi ao mesmo tempo desencadeado e desencadeador de uma série de mudanças estruturais, administrativas e didático-pedagógicas, visando à reorganização do ensino de 1º grau da rede pública estadual paulista.

Além da reorganização da estrutura curricular em um ciclo de alfabetização compreendendo as duas primeiras séries do ensino de 1º grau, da sistemática de avaliação prevendo remanejamento de alunos e acompanhamento contínuo de seu rendimento e dificuldades, e do aumento da carga horária para a alfabetização — mediante a posterior criação da Jornada Única de seis horas-aula diárias em 1988 —, a proposta do Ciclo Básico incorporou uma "nova" teoria como base para as opções didático-pedagógicas: o construtivismo.

Dessa teoria derivou uma retumbante proposta de mudança na compreensão do processo de alfabetização, que passou a ser divulgada sistematicamente no Brasil a partir de meados da década de 1980 e que se encontra nos resultados das pesquisas de Emilia Ferreiro e colaboradores a respeito da psicogênese da língua escrita. Com base, predominantemente, na psicologia genética de Jean Piaget e na psicolinguística de Noam Chomsky, essa pesquisadora argentina propõe uma "revolução conceitual" em alfabetização, a fim de se alcançarem "[...] os objetivos educativos colocados para o final do século XX".[35]

---

35 FERREIRO, Emilia. (Org.) *Os filhos do analfabetismo*: propostas para a alfabetização escolar na América Latina. Trad. Maria L. M. Abaurre. 3. ed. Porto Alegre: Artes Médicas; 1990. p. 60.

EDUCAÇÃO E LETRAMENTO

Do que foi dito fica claro, do nosso ponto de vista, que as mudanças necessárias para enfrentar, sobre novas bases, a alfabetização inicial *não* se resolvem com um novo método de ensino *nem* com novos testes de prontidão *nem* com novos materiais didáticos (particularmente novos livros de leitura).

É preciso mudar os pontos por onde nós fazemos passar o eixo central das nossas discussões. [...]

Em alguns momentos da história faz falta uma revolução conceitual. Acreditamos ter chegado o momento de fazê-la a respeito da alfabetização.[36]

E essa perspectiva construtivista — ou "construtivismo", como passou a ser conhecido — *não* se constituiu em um novo método de ensino da leitura e escrita. Ao contrário do que supunham muitos alfabetizadores, o construtivismo veio justamente questionar as concepções até então defendidas e praticadas a respeito desse ensino, em particular as que se baseavam na centralidade do *ensino* e, em decorrência, dos métodos, dos testes de maturidade e das cartilhas de alfabetização.

Do ponto de vista do "construtivismo", portanto, "alfabetização" passou a designar a aquisição, por parte de crianças, da lectoescrita, ou seja, da leitura e da escrita, simultaneamente. Esse processo de aquisição/aprendizagem é entendido como predominantemente individual, resultante da interação do sujeito cognoscente com o objeto de conhecimento (a língua escrita). Trata-se de uma mudança de paradigma, que gerou sério impasse entre o questionamento da possibilidade do ensino da leitura e escrita e de sua metodização e a ênfase no como a crian-

---

36 FERREIRO, Emilia; TEBEROSKY, Ana. *Psicogênese da língua escrita*. Trad. de Diana M. Lichtenstein e outros. Porto Alegre: Artes Médicas; p. 40-1, grifos das autoras.

ça *aprende* a ler e a escrever, ou seja, como a criança *se* alfabetiza. Assim, pode ser considerado alfabetizado aquele que conseguiu compreender (construir para si o conhecimento) a base alfabética da língua escrita (no caso do português).

Por essa época, os estudos em Linguística e Psicolinguística começaram a se expandir, propiciando também outros novos modos de compreender e de praticar tanto o que até então se conhecia como "alfabetização" quanto a necessidade de "revolução conceitual" proposta por Ferreiro.

Apesar de o construtivismo em alfabetização ter conquistado certa hegemonia, outros estudos e pesquisas foram ganhando destaque no Brasil, como ocorreu com os fundamentados no interacionismo linguístico e na "psicologia soviética".[37] Desse ponto de vista interacionista, "alfabetização" designa o processo de *ensino-aprendizagem* da leitura e escrita entendidas como atividades linguísticas, ou seja, quando se ensina e se aprende a ler e a escrever, já se está lendo e produzindo textos escritos, e essas atividades dependem diretamente das "relações de ensino" que ocorrem na escola, especialmente entre professor e alunos. Ainda desse ponto de vista, portanto, a palavra "alfabetizado" designa o estado ou condição daquele indivíduo que sabe ler e produzir *textos*, com finalidades que extrapolam a situação escolar e remetem às práticas sociais de leitura e escrita, algo próximo à leitura e escrita "do mundo".

---

37 Dentre esses, destacam-se: SMOLKA, Ana Luísa Bustamante. *A criança na fase inicial da escrita*: alfabetização como processo discursivo. Campinas: Edunicamp; São Paulo: Cortez, 1988; GERALDI, João Wanderley. (Org.) *O texto na sala de aula*: leitura & produção. Cascavel: Assoeste, 1984. Embora Geraldi não trate especificamente da alfabetização, na coletânea *O texto na sala de aula*, organizada por ele em 1984, são apresentadas propostas para o ensino de língua portuguesa do ponto de vista interacionista, as quais contribuíram significativamente para reflexões posteriores, por parte tanto de Geraldi quanto de outros pesquisadores, envolvendo a alfabetização como processo inserido no âmbito do ensino da língua, desse ponto de vista.

Em relação a essas perspectivas construtivistas e interacionistas, é importante ressaltar pelo menos cinco aspectos:

- ambas as perspectivas criticam explicitamente a concepção de alfabetização restrita à codificação e decodificação de sinais gráficos, mas apresentam diferentes explicações e propostas para ampliar essa concepção;
- o esforço de um conceito ampliado e diferenciado de alfabetização nas perspectivas construtivista e interacionista indica a existência de "alfabetizações" (no plural), mas não implica necessariamente a noção de "letramento";
- com o passar dos anos, os defensores do construtivismo foram incorporando novos estudos, inclusive os fundamentados no interacionismo linguístico, alargando, assim, o campo inicial de reflexão e proposição e acrescentando novas possibilidades de compreensão da psicogênese da língua escrita; a essas novas possibilidades foram correspondendo outras denominações, tais como: socioconstrutivismo e construtivismo interacionista;
- inicialmente em nível estadual e, posteriormente, em nível federal, as propostas oficiais para o ensino da leitura e escrita foram incorporando concepções e práticas construtivistas e interacionistas, que passaram a configurar o discurso oficial sobre alfabetização no Brasil, vigente até os dias atuais, em documentos tais como os *Parâmetros Curriculares Nacionais* (PCNs) — Língua Portuguesa, publicados a partir de 1997; e
- dado que o conceito de lectoescrita foi proposto para indicar a ampliação do conceito de alfabetização, como vimos no Capítulo 2, "lectoescrita" foi o termo escolhido para traduzir *"literacy"* naquele dicionário técnico de alfabetização.

Além dessas perspectivas fortemente marcadas pelo referencial teórico psicolinguístico e linguístico, deve-se assinalar a tendência, verificada a partir da década de 1990, de se abordar a alfabetização também de uma perspectiva histórica e sociológica, até então praticamente inexistente nos estudos acadêmicos brasileiros. Acompanhando uma tendência existente em países europeus e americanos, essa abordagem começou a ganhar visibilidade no Brasil, tanto com a publicação de traduções de textos de pesquisadores estrangeiros quanto com a publicação de textos de pesquisadores portugueses e brasileiros, estes últimos voltados para as especificidades da história da alfabetização em nosso país.[38] Ressaltando o caráter multidisciplinar da alfabetização, essa abordagem contribuiu significativamente para ampliar as reflexões sobre os limites e as novas possibilidades de compreensão do fenômeno e dos problemas a ele relacionados.

Também a partir desse momento histórico, a palavra "analfabeto" vem sendo predominantemente utilizada para designar o indivíduo que não sabe ler e escrever porque não tem instrução "primária"; a palavra "analfabetismo", para designar esse estado ou condição de analfabeto. E, sobretudo para indicar critérios de avaliação censitária, ambas as palavras passaram a ser adjetivadas: "analfabeto funcional" e, em decorrência, "analfabetismo funcional",

---

38 Como exemplos de traduções, têm-se: FRAGO, Antonio Viñao. *Alfabetização na sociedade e na história.* Trad. T. T Silva e outros. Porto Alegre: Artes Médicas, 1993; GRAFF, Harvey J. *Os labirintos da alfabetização:* reflexões sobre o passado e o presente da alfabetização. Trad. Tyrza M. Garcia. Porto Alegre: Artes Médicas, 1994. Como exemplos de publicações de portugueses e brasileiros: FERNANDES, Rogério. *Os caminhos do ABC - Sociedade portuguesa e ensino das primeiras letras:* do pombalismo a 1820. Porto: Porto Editora, 1994; MAGALHÃES, Justino Pereira. *Ler e escrever no mundo rural do Antigo Regime:* um contributo para a história da alfabetização e da escolarização em Portugal. Braga: Serviço de Publicações; Instituto de Educação; Universidade do Minho, 1994; MORTATTI, M. R. L. *Os sentidos da alfabetização:* São Paulo – 1876/1994. São Paulo: UNESP; Brasília: MEC/Inep/Comped, 2000.

para designar indivíduo com menos de quatro anos de escolaridade ou essa condição dos indivíduos.

Deve-se lembrar que no *Dicionário Houaiss* encontra-se registrada apenas a primeira dessas expressões, "analfabeto funcional", com indicação de surgimento na Pedagogia, porém com sentido diferente do atribuído nos critérios utilizados nos censos populacionais. A expressão "analfabetismo funcional" não se encontra no *Houaiss*, ocorrendo o mesmo com seu possível oposto "alfabetismo funcional", que surgiu no final da década de 1970 para designar "aquele que é capaz de utilizar a leitura e escrita para suas demandas no dia a dia, dentro de seu contexto social e atividades tanto no trabalho quanto em casa".

E é justamente na década de 1980 que, como vimos no *Houaiss*, situa-se o surgimento, no âmbito da pedagogia, das palavras "letrado" e "letramento", ressaltando-se que esta última, em sua segunda acepção, indica "mesmo que o processo de alfabetização"; assim, "letramento" e "alfabetização" não são sinônimos, o mesmo ocorrendo com "letrado" e "alfabetizado". No dicionário técnico de alfabetização publicado no Brasil em 1999, por sua vez, devido às razões já apontadas, não constam os termos "alfabetismo" e "analfabeto funcional"; mas constam "lectoescrita", "alfabetizado funcional" e "lectoescrita funcional".

Por fim, é também na segunda metade da década de 1980 que, no âmbito dos estudos e pesquisas acadêmicos brasileiros, situam-se as primeiras formulações e proposições da palavra "letramento" para designar algo mais do que até então se podia designar com a palavra "alfabetização".

Uma das primeiras ocorrências está em livro de Mary Kato, de 1986 (*No mundo da escrita: uma perspectiva psicolingüística*, Editora Ática): a autora, logo no início do livro (p. 7), diz acreditar que a língua falada culta "é consequência do *letramento*". [grifo meu] Dois anos mais tarde, em livro de 1988 (*Adultos não alfabetizados:* o avesso do avesso, Editora Pontes), Leda Verdiani Tfouni, no capítulo introdutório, distingue *alfabetização* de *letramento:* talvez seja esse o momento em que *letramento* ganha estatuto de termo técnico no léxico dos campos da Educação e das Ciências Linguísticas.

[Nota] 1 Ângela Kleiman levanta a hipótese de que Mary Kato é que terá cunhado o temo letramento [...][39]

Inicialmente restrita ao âmbito acadêmico, a palavra "letramento" já se encontra hoje registrada em um dicionário geral e, mais recentemente, em dois dicionários de linguística, estando "popularizada" entre educadores e alfabetizadores, como se verifica, por exemplo, em títulos de cartilhas ou livros de alfabetização e de textos para formação continuada de professores publicados nos últimos anos. Essa popularização vem reafirmar, dentre outros aspectos, certo esgotamento dos limites teóricos e práticos do termo "alfabetização", apesar de todos os esforços históricos de se buscar compreender e explicar, de outros pontos de vista, o ensino-aprendizagem da leitura e da escrita e o analfabetismo.

Mas ainda não se abandonou a palavra "alfabetização" e nem se criou "consenso" sobre o uso de "letramento". A relação entre ambos, portanto, não está ainda suficientemente esclarecida e vem gerando, ora usos inadequados, como vimos ao final do Capítulo 2 em relação à tradução de "*literacy*" por "lectoescrita", ora propostas de opção por um ou outro termo, ou de complementaridade entre eles.

---

[39] SOARES, Magda. *Letramento*: um tema em três gêneros. Belo Horizonte: Autêntica, 1998. p . 15. Grifos da autora.

> Eu não uso a palavra letramento. Se houvesse uma votação e ficasse decidido que preferimos usar letramento em vez de alfabetização, tudo bem. A coexistência dos termos é que não dá.[40]
>
> [...] o ideal seria alfabetizar, letrando, ou seja: ensinar a ler e a escrever no contexto das práticas sociais da leitura e da escrita, de modo que o indivíduo se tornasse, ao mesmo tempo, alfabetizado e letrado.[41]

O não abandono de "alfabetização", convivendo com uma tímida relação com "letramento", pode, ainda, ser observado nos *Parâmetros Curriculares Nacionais* — Língua Portuguesa, elaborados pelo MEC e divulgados a partir de 1997.

Nesse documento oficial, enfatiza-se o esforço da época em rever as práticas tradicionais de alfabetização inicial e de ensino de língua portuguesa buscando-se resolver mais enfaticamente problemas da qualidade da educação, como decorrência tanto do fato de estar praticamente atendida a demanda quantitativa por educação quanto dos avanços ocorridos na produção científica na área.

Dialogando com esse clima de discussões, nesse documento oficial é utilizado predominantemente o termo "alfabetização", em sentido decorrente das contribuições sobretudo do construtivismo e também do interacionismo (linguístico). "Letramento" é mencionado de passagem uma vez no texto, na expressão "processo de letramento" (p. 52), e em duas notas de rodapé para explicar a expressão "conhecimento letrado" (p. 34) e o próprio termo "letramento".

---

40 FERREIRO, Emilia. Fala, mestre! [Emilia Ferreiro]. Alfabetização e cultura escrita. *Nova escola*, São Paulo, ano XVII, n. 162, p. 27-30, maio 2003. (Entrevista) p. 30.
41 SOARES, Magda, op. cit., p. 47.

Letramento, aqui, é entendido como produto da participação em práticas sociais que usam a escrita como sistema simbólico e tecnologia. São práticas discursivas que precisam da escrita para torná-las significativas, ainda que às vezes não envolvam as atividades específicas de ler ou escrever. Dessa concepção decorre o entendimento de que, nas sociedades urbanas modernas, não existe grau zero de letramento, pois nelas é impossível não participar, de alguma forma, de algumas dessas práticas.[42]

Apesar dos inevitáveis riscos de, em poucas páginas, apresentar tão sintética e seletivamente quanto possível os principais aspectos de cinco séculos de ensino da leitura e escrita no Brasil, o que foi aqui mostrado permite pensar que, no caso brasileiro, a "pré-história" das palavras em análise, nos sentidos relacionados com o tema deste livro, situa-se nos quase trezentos anos que abrangeram o período colonial; e sua história, propriamente dita, inicia-se na primeira metade do século XIX, com "analfabeto" e "analfabetismo", acrescentando-se, no início do século XX, "alfabetizar", "alfabetização", "alfabetizado", e, no final do século XX, "letramento", "alfabetismo", "letrado", "iletrado".

Pode-se considerar, ainda, que na história de "analfabeto" e "analfabetismo", "alfabetizar", "alfabetização" e "alfabetizado" tem-se a pré-história de "letramento", "alfabetismo", "letrado" e "iletrado".

■

---

42 BRASIL. Secretaria de Educação Fundamental. *Parâmetros Curriculares Nacionais: Língua Portuguesa*. 2. ed. Brasília: MEC/SEF; Rio de Janeiro: DP&A, 2000. p. 23. É importante destacar que, na bibliografia desse volume dos PCNs, já se encontram títulos de autores que vêm tematizando o letramento, como Leda Tfouni e Ângela Kleiman, que serão abordados no Capítulo 4.

4 De "literacy" a "letramento"

"Literacy": alfabetismo, letramento

A história da palavra "letramento" em nosso país, nos sentidos relacionados com o tema deste livro, inicia-se, como vimos, somente na década de 1980, quando foi introduzida em estudos e pesquisas acadêmicos, sob influência do inglês *"literacy"*, que, até a década de 1990, era traduzido por "alfabetização", e, mais recentemente, também por "alfabetismo".

> A palavra em inglês, *literacy*, deriva do latim *litteratus*, que, à época de Cícero, significava "um erudito". No início da Idade Média, o *litteratus* (em oposição ao *ilitteratus*) era uma pessoa que sabia ler em latim. Depois de 1300, devido ao declínio deste tipo de erudição na Europa, o termo passou a significar uma capacidade mínima em latim. Após a Reforma, *literacy* passou a significar a capacidade que uma pessoa tinha de ler e escrever em sua língua-mãe. De acordo com o *Oxford English Dictionary*, o substantivo *literacy* apareceu pela primeira vez na língua inglesa no começo da década

de 1880, formado a partir do adjetivo *literate*, que, na metade do século XV, já ocorria na escrita da língua inglesa.

Em seu uso corrente, o termo pressupõe uma interação entre exigências sociais e competências individuais. Assim, os níveis de [letramento] necessários ao funcionamento social podem variar e, de fato, têm variado de uma cultura para outra e, dentro da mesma cultura, de uma época para outra.[43]

É importante lembrar que questões e preocupações como as que provocaram a introdução do termo no Brasil também se manifestaram em alguns dos países mais desenvolvidos, quando aumentaram as necessidades específicas de saber ler e escrever, à medida que foi sendo resolvido o problema do analfabetismo e se universalizou a educação básica.

Também no Brasil, em que pesem as muitas diferenças em relação a esses países mais desenvolvidos, a necessidade de ampliar o conceito de alfabetização somente começou a se tornar possível quando novos fatos, como a condição de alfabetizado e a extensão da escolarização básica, começaram a se tornar visíveis, gerando novas ideias e novas maneiras de compreender os fenômenos envolvidos.

E, embora os critérios recomendados pela Unesco para a realização dos censos continuem se baseando em um sentido ainda limitado da alfabetização (como vimos em relação ao censo de 2001), estudos dessa organização internacional vêm indicando a preferência por se utilizar o termo no plural, associando-o a novos fenômenos. Isto vêm impondo mudanças e ampliações em seus sentidos,

---

43 VENEZKY, Richard L. In: HARRIS, Theodore L.; HODGES, Richard E. *Dicionário de alfabetização*: vocabulário de leitura e escrita. Trad. Beatriz Viégas-Faria. Porto Alegre: Artes Médicas Sul, 1999. p. 153. A fim de evitar equívocos, pelas razões já apontadas no Capítulo 2, na transcrição dessa citação substituí "lectoescrita" por "letramento".

EDUCAÇÃO E LETRAMENTO

em referência às práticas sociais de comunicação, e enfocando cada vez mais intensamente as práticas, os usos e os contextos de transmissão da alfabetização, nos âmbitos individual e social, assim como seus múltiplos objetivos e diferentes maneiras para sua aquisição.

> [...] Em meio a esses fatos novos, dois conceitos fundamentais já se tornaram claros. Em primeiro lugar, a alfabetização, em si, é ambígua, nem positiva nem negativa, e seu valor depende da maneira como ela é adquirida ou transmitida e do modo como ela é usada. Ela pode ser um fator de liberação ou, na linguagem de Paulo Freire, de domesticação. Nesse particular, a alfabetização se vê na mesma situação que a educação em geral, quanto a seu papel e a sua finalidade. Em segundo lugar, a alfabetização se vincula a um vasto espectro de práticas sociais de comunicação, só podendo ser tratada paralelamente aos demais meios de comunicação, como rádio, televisão, computadores, mensagens de texto em telefones celulares, imagens visuais etc. O desenvolvimento maciço das comunicações eletrônicas não substituiu a alfabetização impressa, embora forneça um novo contexto para ela [...].[44]

E ainda, segundo o representante da Unesco no Brasil, Jorge Werthein, vem-se gradativamente substituindo "alfabetização" por "alfabetismo", na busca tanto de melhor tradução para *"literacy"* quanto de ampliação do conceito de alfabetização; as múltiplas significações de "alfabetismo", por sua vez, também conduzem à pluralidade dessa noção, assim como da de "analfabetismo".[45]

---

44 Unesco. Alfabetização. A perspectiva da Unesco, In: Unesco. op. cit., p. 33 apud WAISELFISZ, Julio Jacobo. op. cit., p. 38-9.

45 WERTHEIN, Jorge. Alfabetismos ou analfabetismos. In: *Construção e identidade*: as idéias da Unesco no Brasil. Brasília: Unesco, 2002, p. 39-40. Apud WAISELFISZ, Julio Jacobo, idem p. 37.

Letramento no Brasil:
o conhecimento em construção

Hoje, em nosso país, como vimos até aqui, a palavra "alfabetização" ainda continua sendo de uso corrente, ressaltando-se o esforço de um conceito ampliado e diferenciado, sobretudo de acordo com as perspectivas construtivista e interacionista.

Mas, para designar a nova necessidade, vem-se utilizando "alfabetismo" ou "letramento", o qual já se encontra em um dicionário geral da língua portuguesa com significados "novos" definidos, ainda que de maneira abrangente, e em dois dicionários técnicos de linguística. Aspectos desses seus significados vêm, também, sendo abordados em critérios utilizados, por exemplo, nas avaliações de sistemas de ensino e de estudantes, em documentos oficiais para a educação básica, em livros didáticos, e, mais diretamente, nos textos acadêmicos.

Além da oscilação terminológica, a própria definição do termo "letramento" tem sido marcada por certa fluidez e imprecisão, o que talvez se possa explicar por sua recente introdução, pelas variadas formas de se caracterizarem as novas demandas sociais pelo uso da leitura e escrita e, também, pela ainda pouca produção acadêmica brasileira sobre o tema — comparativamente à de países desenvolvidos —, mas que vem aumentando sensivelmente e evidenciando sua fecundidade teórica e prática.

Como exemplos dos usos possíveis do termo "letramento" — no sentido estritamente relacionado com a leitura e escrita[46] — e dos problemas relacionados com a

---

46 Como vimos, vêm-se ampliando os usos de letramento: "letramento em matemática", "letramento em computação" etc.

análise do fenômeno, são apresentadas a seguir, em ordem cronológica de publicação dos textos e agrupadas por autor, as definições e considerações propostas por alguns pesquisadores brasileiros considerados representativos, devido à influência que exercem nos estudos sobre letramento e sua aplicação em diferentes situações e contextos, com diferentes finalidades e resultados.

Essa influência pode ser verificada especialmente nas recorrentes citações desses trabalhos, sendo que muitas vezes citam-se uns aos outros com destaque para alguns mais citados que outros (alguns também são citados nos PCNs e em um dos dicionários técnicos, como já vimos), indicando, assim, a tendência a se consolidarem certos usos e definições do termo "letramento", dando sustentação a seu estudo e aplicação. Por essas razões — é importante advertir — não foram incluídos na apresentação a seguir todos os textos e autores brasileiros que tratam do tema, nem escolhidos os supostamente "melhores".

Como vimos, o termo "letramento" parece ter sido utilizado pela primeira vez por Mary Kato, na apresentação de seu livro *No mundo da escrita: uma perspectiva psicolingüística*, de 1986, cujo objetivo é salientar aspectos de ordem psicolinguística que estão envolvidos na aprendizagem da linguagem, no que se refere à aprendizagem escolar por parte de crianças. A autora explica, então, seu pressuposto, que contém uma definição indireta de letramento relacionado com a função da escola de formar "cidadãos funcionalmente letrados", do ponto de vista tanto do crescimento cognitivo individual quanto do atendimento a demandas de uma sociedade que prestigia a língua padrão ou a norma culta da língua.

> [...] a função da escola, na área da linguagem, é introduzir a criança no mundo da escrita, tornando-a um cidadão funcionalmente letrado, isto é, um sujeito capaz de fazer uso da linguagem escrita para sua necessidade individual de crescer cognitivamente e para atender às várias demandas de uma sociedade que prestigia esse tipo de linguagem como um dos instrumentos de comunicação.
> Acredito ainda que a chamada norma-padrão, ou língua falada culta, é consequência do letramento, motivo por que, indiretamente, é função da escola desenvolver no aluno o domínio da linguagem falada institucionalmente aceita.[47]

Na introdução de seu livro *Adultos não alfabetizados: o avesso do avesso*, de 1988, a fim de evidenciar as relações entre escrita, alfabetização e letramento, Leda V. Tfouni estabelece um sentido para o termo "letramento" centrado nas práticas sociais de leitura e escrita e nas mudanças por elas geradas em uma sociedade, quando esta se torna letrada. Assim, visando a estudar a linguagem de adultos não alfabetizados, de acordo com uma abordagem central de caráter psicolinguístico, a autora situa letramento no âmbito do social e indicando algo mais que alfabetização, que situa no âmbito individual.

> Apesar de estarem indissoluvelmente e inevitavelmente ligados entre si, escrita, alfabetização e letramento nem sempre têm sido enfocados como um conjunto pelos estudiosos. [...]
> A alfabetização refere-se à aquisição da escrita enquanto aprendizagem de habilidades para leitura, escrita e as chamadas práticas de linguagem. Isto é levado a efeito, em geral, através do processo de escolarização, e, portanto, da instrução formal. A alfabetização pertence, assim, ao âmbito do individual.

---

[47] KATO, Mary. *No mundo da escrita*: uma perspectiva psicolingüística. São Paulo: Ática, 1986. p. 7.

> O letramento, por sua vez, focaliza os aspectos sócio-históricos da aquisição da escrita. [...] tem por objetivo investigar não somente quem é alfabetizado, mas também quem não é alfabetizado, e, neste sentido, desliga-se de verificar o individual e centraliza-se no social mais amplo.[48]

A partir dessa distinção, a autora explicita alguns aspectos do desenvolvimento cognitivo de um grupo de adultos brasileiros não alfabetizados, resultantes da investigação a respeito de como esses sujeitos usam a linguagem diante da tarefa específica de compreensão de raciocínios lógico-verbais. Conclui que o letramento é questão complexa em sociedades letradas e que, no âmbito das relações entre pensamento e linguagem, não há total identificação entre analfabeto e iletrado.

Essas reflexões são retomadas em outro livro da autora, *Letramento e alfabetização*, publicado em 1995, em cujo prólogo ela explica que foi levada a utilizar o neologismo "letramento" devido à constatação da "[...] falta, em nossa língua, de uma palavra que pudesse ser usada para designar esse processo de estar exposto aos usos sociais da escrita, sem, no entanto, saber ler nem escrever".[49]

Também em 1995, ocorre a publicação do livro *Os significados do letramento: uma nova perspectiva sobre a prática social da escrita,* organizado por Ângela Kleiman, no qual diferentes aspectos do letramento são abordados pelos autores dos artigos.

No texto introdutório "Modelos de letramento e as práticas de alfabetização na escola", Kleiman explica que, embora a palavra "letramento" à época ainda não estivesse di-

---

48 TFOUNI, Leda V. *Adultos não alfabetizados*: o avesso do avesso. Campinas: Pontes, 1988. p. 9. Grifos da autora.
49 TFOUNI, Leda V. *Letramento e alfabetização*. São Paulo: Cortez, 1995. p. 7-8.

cionarizada, o conceito correspondente começou a ser utilizado nos meios acadêmicos para separar estudos sobre o "impacto social da escrita" e estudos sobre alfabetização. Apresenta uma definição de letramento como sendo as práticas sociais de leitura e escrita, e analisa duas concepções dominantes de letramento, relacionando-as com a situação de ensino e com a aprendizagem da língua escrita por parte tanto de crianças quanto de adolescentes e adultos.

> Podemos definir hoje o letramento como um conjunto de práticas sociais que usam a escrita, enquanto sistema simbólico e enquanto tecnologia, em contextos específicos, para objetivos específicos [...]. As práticas específicas da escola, que forneciam o parâmetro de prática social segundo a qual o letramento era definido e segundo a qual os sujeitos eram classificados ao longo da dicotomia alfabetizado ou não alfabetizado, passam a ser, em função dessa definição, apenas *um* tipo de prática — de fato, dominante — que desenvolve alguns tipos de habilidades, mas não outros, e que determina uma forma de utilizar o conhecimento sobre a escrita.[50]

Kleiman propõe-se, ainda, a familiarizar o leitor com duas concepções de letramento centradas no "modelo autônomo" e no "modelo ideológico", de que decorrem considerações sobre as práticas de letramento na escola e sobre as relações entre letramento e alfabetização de adultos.

No artigo "Língua escrita, sociedade e cultura: relações, dimensões e perspectiva", publicado em 1995 na *Revista brasileira de educação*, Magda Soares tematiza o "alfabetismo", termo que utiliza com o mesmo sentido de *"literacy"*

---

50 KLEIMAN, Ângela B. Modelos de letramento e as práticas de alfabetização na escola. In: _____. (Org.) *Os significados do letramento*: uma nova perspectiva sobre a prática social da escrita. Campinas: Mercado de Letras, 1995. p. 15-61, 19 (Letramento, educação e sociedade).

que vimos anteriormente. Em nota, a autora explica que a palavra "letramento", à época introduzida recentemente na bibliografia educacional brasileira, parecia-lhe um "neologismo [...] desnecessário, já que a palavra vernácula *alfabetismo* [...] tem o mesmo sentido de *literacy*.[51]

A autora não apresenta uma definição propriamente dita de "alfabetismo", mas enfatiza a multiplicidade de facetas do fenômeno, a variedade de suas dimensões e a diversidade de relações com a sociedade e a cultura, o que demanda que seu estudo seja multidisciplinar, e se detém na análise das dimensões individual e social do alfabetismo e na apresentação das diferentes perspectivas para sua análise.

Esse artigo foi também publicado, em 2003, na coletânea *Alfabetização e letramento*, em que Soares propõe uma "releitura" deste e de outros artigos seus sobre o tema publicados entre 1985 e 1998. Não há alterações no texto do artigo, mas, em quadro à margem, a autora explica que, após 1995, passou a utilizar o termo "letramento", que foi progressivamente tendo a preferência de estudiosos do tema.

Em 1998, tem-se a publicação de *Letramento: um tema em três gêneros*, também de Magda Soares. Nesse livro, estão reunidos três diferentes textos produzidos na década de 1990 com diferentes finalidades: o primeiro é um verbete publicado em 1996, em seção específica de periódico brasileiro; o segundo, um texto didático divulgado entre professores de Belo Horizonte/MG; e o terceiro, uma tradução do ensaio publicado em inglês, em 1992, por solicitação da Seção de Estatística da Unesco, em Paris.

---

51 SOARES, Magda. Língua escrita, sociedade e cultura: relações, dimensões e perspectivas. *Revista brasileira de educação*, ANPEd, n. 0, p. 5-16, set/out/nov/dez 1995.

Esses textos têm sido especialmente utilizados como uma referência constante nos estudos posteriores a eles, pois contêm uma vigorosa reflexão sobre o tema, uma proposta de definição do termo e uma síntese sistematizadora do conceito de letramento. A definição da autora é assim sintetizada, no segundo texto do livro:

> Letramento
>
> *Resultado* da ação de ensinar e aprender as práticas sociais de leitura e escrita
>
> O *estado* ou *condição* que adquire
>
> um grupo social
> ou um indivíduo
>
> como consequência de ter-se apropriado da escrita e de suas práticas sociais.[52]

No ensaio contido nesse livro, além de enfatizar a natureza complexa e multifacetada do fenômeno do letramento e as dificuldades para sua definição, Soares também apresenta e discute as dimensões individual e social do letramento e os problemas envolvidos em sua avaliação e medição em contextos escolares, censos nacionais e pesquisas por amostragem.

No artigo "Novas práticas de leitura e escrita: letramento e cibercultura", constante do Dossiê Letramento, publicado na revista *Educação & Sociedade*, de dezembro de 2002, Soares volta ao tema, desta vez relacionan-

---

52 SOARES, Magda. *O que é letramento e alfabetização*, op. cit., p. 27-60, 39. Grifos da autora.

do-o com tecnologias digitais de leitura e escrita, enfatizando a imprecisão ainda observada na definição do termo e concluindo que se trata de fenômeno e conceito plurais. Mas a autora explicita o conceito de letramento que vem fundamentando suas reflexões e propostas, acrescentando que, de acordo com essa concepção, "letramento" significa o contrário de "analfabetismo".

Ainda de Soares, há o artigo "Letramento e escolarização", publicado no livro *Letramento no Brasil*, de 2003, o qual será comentado mais adiante. Nesse artigo, a autora destaca as relações entre alfabetização, letramento e escolarização e entre letramento escolar e letramento social, a partir da análise das dimensões social e individual do letramento e dos eventos e práticas de letramento.

No livro *Alfabetismo e atitudes*, de 1999, Vera Masagão Ribeiro explica, em nota de rodapé, a opção por utilizar o termo "alfabetismo" em vez de "letramento". Nesse livro, resultante de sua tese de doutorado e que tem o apoio da organização não governamental Ação Educativa, Ribeiro discute o alfabetismo valendo-se de pesquisa realizada com jovens e adultos, e aponta decorrências referentes a políticas educacionais e práticas pedagógicas.

> Neste estudo, o termo alfabetismo é utilizado com o mesmo sentido do termo em inglês *literacy*, designando a condição de pessoas ou grupos que não apenas sabem ler e escrever mas também, como propõe Magda Becker Soares, utilizam a leitura e a escrita, incorporando-as em seu viver, transformando por isso sua condição (Soares, 1995). Apesar de alguns autores brasileiros utilizarem o neologismo "letramento" com o mesmo sentido, preferiu-se, aqui, empregar o termo alfabetismo, tal como sugere a autora acima referida, por ser um termo já dicionarizado e também por guardar a

MARIA DO ROSÁRIO LONGO MORTATTI

mesma raiz de "alfabetização", relativo ao ato de ensinar ou disseminar o ensino da leitura e da escrita.[53]

A autora também aponta a complexidade do fenômeno do alfabetismo e constata que, apesar dos diferentes pontos de vista adotados, os pesquisadores estrangeiros reafirmam "[...] a relevância do alfabetismo na história da cultura, na organização da sociedade ou no comportamento dos indivíduos". Dentre os problemas decorrentes do fenômeno do alfabetismo, a autora destaca três, que considera pontos críticos: suas dimensões social e individual; sua relação com a escolarização; e relações entre alfabetismo e as características psicológicas de indivíduos ou grupos.

No livro *Letramento no Brasil*, de 2003, organizado por Vera Masagão Ribeiro, vários autores analisam e discutem os diferentes aspectos — políticas de leitura, letramento e educação, problemas da pesquisa — dos resultados da pesquisa do Indicador Nacional de Alfabetismo Funcional (Inaf) — 2001 a respeito do alfabetismo funcional de jovens e adultos. No texto introdutório, a organizadora esclarece que se optou nessa pesquisa por uma nova abordagem sobre alfabetização, leitura e escrita, "[...] a partir da qual se cunhou o termo *letramento* [e que] procura compreender a leitura e a escrita como práticas sociais complexas, desvendando sua diversidade, suas dimensões políticas e implicações ideológicas". Dado o desconhecimento do termo "letramento" por parte da população envolvida na pesquisa, utilizou-se "alfabetismo". No entanto, em vários artigos do livro, os autores utilizaram o termo

---

53 RIBEIRO, Vera Masagão. *Alfabetismo e atitudes*: pesquisa com jovens e adultos. Campinas: Papirus; São Paulo: Ação Educativa, 1999. p. 16.

"letramento" em referência a "[...] práticas de leitura e escrita, à presença da linguagem escrita na cultura, à relação desse fenômeno com a escolarização".[54]

Um conceito plural, uma síntese possível

Como podemos verificar, vem aumentando a produção acadêmica brasileira sobre o tema do letramento, buscando-se contemplar e explorar diferentes aspectos e problemas envolvidos no estudo do fenômeno, de diferentes perspectivas teóricas e metodológicas, especialmente no âmbito das ciências da educação e das ciências linguísticas. O aumento dessa produção tem também evidenciado que, ao lado da diversidade de aspectos e abordagens, vem-se acumulando significativo conhecimento sobre o tema, que tende a ir-se constituindo como um corpo teórico e conceitual mínimo de referências comuns e intercambiáveis, que vêm, por sua vez, "formando opinião" dos interessados.

Acrescentando-se a esses significados os apresentados nos capítulos anteriores, evidencia-se, mais uma vez, a variedade e complexidade de aspectos e de problemas envolvidos, assim como a diversidade de perspectivas de análise do fenômeno do letramento.

Tais características obrigam a considerar a pluralidade do conceito de letramento, a fim de evitar a diluição das diferenças por meio de fórmulas simplificadoras que visem à fixidez e homogeneização do que é ainda provisório e heterogêneo, como fenômeno e como conheci-

---

54 RIBEIRO, Vera Masagão. Por mais e melhores leitores: uma introdução. In: _____ (Org.) *Letramento no Brasil*: reflexões a partir do Inaf 2001. São Paulo: Global/Ação Educativa, 2003. p. 9-29, 12. Grifos da autora.

mento em construção neste momento histórico. Talvez seja possível, e mesmo necessário, procurar conhecer, entre as diferenças e as semelhanças, os aspectos comuns presentes nas definições e considerações apresentadas acima. Obviamente, sobretudo as inúmeras diferenças existentes entre os autores e textos mencionados merecem um estudo detalhado, mas a tentativa de síntese aqui apresentada tem finalidades apenas didáticas, mais compatíveis com os objetivos deste livro.

Os principais aspectos comuns a essas definições e considerações podem então ser assim sintetizados:

- tendência de predomínio da palavra "letramento", por vezes acompanhada ou substituída por "alfabetismo", para designar o novo fenômeno; mas ainda não se abandonou o termo "alfabetização";
- relação entre o novo sentido de "letramento"/"alfabetismo" (e seus correlatos "letrado" e "iletrado") e os já conhecidos sentidos de "alfabetização" e "analfabetismo" (e seus correlatos "alfabetizado" e "analfabeto"); nessa relação, toma-se recorrentemente a alfabetização como referência direta ou indireta para a definição de letramento, seja para se ampliarem e precisarem significados, seja para se contraporem ou se acrescentarem novos significados aos já existentes;
- relação entre letramento, no sentido estrito em que vem sendo aqui abordado, e cultura escrita, sociedade letrada, língua escrita (leitura e escrita), enfocando-se as dimensões individual e social e os eventos e práticas de letramento;
- caracterização das dimensões individual e social do letramento e correspondentes modelos teóricos de análise, envolvendo ora as práticas sociais, ora as competên-

cias individuais, ora o estado ou condição de indivíduos ou grupos sociais, ora os eventos relacionados com seu uso, ora seus efeitos sobre indivíduos ou grupos sociais;

- relação entre letramento, alfabetização, escolarização e educação, seja também para se ampliarem e precisarem significados, seja para se contraporem ou se acrescentarem novos significados aos já existentes;

- relação entre letramento, avaliação e medição do analfabetismo e propostas de práticas pedagógicas e políticas públicas para a educação de crianças e de jovens e adultos;

- embora com diferentes objetivos, fundamentação das definições e considerações em certos princípios e pressupostos teóricos e certos instrumentais para análise do letramento contidos, predominantemente, em determinada bibliografia americana e inglesa datada das duas últimas décadas; dentre esses autores os mais citados nos textos acadêmicos acima apresentados (alguns deles também são citados no *Dicionário de alfabetização* e um deles nos PCNs) são: David R. Olson, Jack Goody, Shirley Heath, Sylvia Scribner e Michel Cole, Walter J. Ong.; e

- ao lado dessa bibliografia estrangeira predominante, vem-se acrescentando, como já apontei, a bibliografia brasileira apresentada anteriormente, em que os autores citam-se entre si.

5 Letramento, alfabetização, escolarização e educação

Cultura escrita e sociedade letrada

Letramento está diretamente relacionado com a língua escrita e seu lugar, suas funções e seus usos nas sociedades letradas, ou, mais especificamente, grafocêntricas, isto é, sociedades organizadas em torno de um sistema de escrita e em que esta, sobretudo por meio do texto escrito e impresso, assume importância central na vida das pessoas e em suas relações com os outros e com o mundo em que vivem.

Trata-se, assim, de um tipo de sociedade baseada em comportamentos individuais e sociais que supõem inserção no mundo público da cultura escrita, isto é, uma cultura cujos valores, atitudes e crenças são transmitidos por meio da linguagem escrita e que valoriza o ler e o escrever de modo mais efetivo do que o falar e o ouvir, diferentemente do que ocorre em sociedades iletradas ou ágrafas (a-letradas ou pré-letradas), que utilizam apenas a língua oral e não possuem sistema de escrita nem sofrem influência, mesmo que indireta, de um sistema de escrita. Como vimos no Capítulo 3, a cultura dos índios brasileiros era ágrafa e centrada na oralidade "primária".

> A oralidade *primária* remete ao papel da palavra antes que uma sociedade tenha adotado a escrita, a oralidade *secundária* está relacionada a um estatuto da palavra que é complementar ao da escrita, tal como o conhecemos hoje. Na oralidade primária, a palavra tem como função básica a gestão da memória social, e não apenas a livre expressão das pessoas ou a comunicação prática cotidiana. Hoje em dia, a palavra viva, as palavras que "se perdem no vento", destaca-se sobre o fundo de um imenso corpus de textos: "os escritos que permanecem". O mundo da oralidade primária, por outro lado, situa-se antes de qualquer distinção escrito/falado.[55]

Obviamente, sociedades letradas contemporâneas são diferentes das de séculos passados, assim como há também diferenças significativas entre sociedades letradas coexistentes num mesmo momento histórico. Ao longo dos últimos cinco séculos, especialmente desde a invenção da imprensa, em 1453, o desenvolvimento cultural e tecnológico, industrial e econômico das sociedades contemporâneas vem determinando diferentes modos de produção e distribuição dos bens materiais e culturais, estabelecendo formas cada vez mais sofisticadas de valores e padrões de comportamento de indivíduos e grupos sociais com o material e o espaço do escrito. É esse o caso da cibercultura, que determina um outro espaço, a tela do computador, para a leitura e a escrita, e que não mais exige tecnologia tipográfica, mas digital.

---

55 LÉVY, P. *As tecnologias da inteligência*: o futuro do pensamento na era da informática. Trad. Carlos Irineu da Costa. Rio de Janeiro: Ed. 34, 1993. p. 77.

Leitura e escrita

Dentre os bens culturais, encontram-se a leitura e a escrita como saberes constitutivos das sociedades letradas e que devem propiciar aos indivíduos ou grupos sociais não apenas acesso a ela, mas também participação efetiva na cultura escrita. A apropriação e utilização desses saberes é condição necessária para a mudança, do ponto de vista tanto do indivíduo quanto do grupo social, de seu estado ou condição nos aspectos cultural, social, político, linguístico, psíquico. No entanto, os significados, usos e funções desses saberes, assim como as formas de sua distribuição, também variam no tempo e dependem do grau de desenvolvimento da sociedade.

Leitura e escrita são processos distintos que envolvem diferentes habilidades e conhecimentos, bem como diferentes processos de ensino e aprendizagem, e podem ser compreendidos em uma dimensão individual e em uma dimensão social. Trata-se de numerosos conjuntos de habilidades e conhecimentos linguísticos e psicológicos, variados e radicalmente diferentes entre si, com formas de uso também diferenciadas em relação a uma diversidade de materiais escritos.

> [...] ler [...] é um conjunto de habilidades e conhecimentos linguísticos e psicológicos, estendendo-se desde a habilidade de decodificar palavras escritas até a capacidade de compreender textos escritos. Não são categorias polares, mas complementares: ler é um processo de relacionamento entre símbolos escritos e unidades sonoras, e é também um processo de construção da interpretação de textos escritos.
>
> [...] as habilidades e conhecimentos da escrita estendem-se desde a habilidade de simplesmente transcrever sons até a capacidade de

comunicar-se adequadamente com um leitor em potencial. E [...] também aqui não são categorias polares, mas complementares: escrever é um processo de relacionamento entre unidades sonoras e símbolos escritos, e é também um processo de expressão de ideias e de organização do pensamento sob forma escrita.[56]

Esses distintos conjuntos de habilidades e conhecimentos se estendem em um *continuum*, ao longo do qual se encontram infinitos estágios intermediários que podem indicar múltiplos tipos e níveis de habilidades e conhecimentos, utilizados para ler e escrever uma multiplicidade de tipos de material escrito, com múltiplos objetivos e funções, em também múltiplos contextos e situações. Tanto é assim que uma pessoa pode ser capaz de ler sinopses de capítulos de telenovelas em revistas ou jornais, mas não conseguir ler uma bula de remédio ou impressos oficiais; uma outra pode ser capaz de ler textos técnicos em sua área de atuação profissional, mas não conseguir escrever um texto minimamente compreensível.

Da complexidade desses processos resulta também a complexidade das possíveis definições de "letramento", especialmente em suas dimensões individual e social e em suas relações com a alfabetização e com a educação (escolar).

Dimensões individual e social do letramento

As mais recentes perspectivas de abordagem do letramento em países de língua inglesa, também incorporadas em estudos de autores brasileiros, vêm destacando, entre os novos

---

56 SOARES, Magda. Língua escrita, sociedade e cultura: relações, dimensões e perspectivas. *Revista brasileira de educação*, ANPEd, n. 0, p. 5-16, set/out/nov/dez 1995.

instrumentais de análise, dois modelos de letramento, o "modelo autônomo" em confronto com o "modelo ideológico", e dois componentes básicos do fenômeno do letramento, os "eventos de letramento" e as "práticas de letramento".

> A partir dos anos 1980, às perspectivas psicológica e histórica predominantes nos estudos e pesquisas sobre letramento somou-se uma perspectiva social e etnográfica, de que são obras seminais *Ways with Words*, de Shirley Heath (1983) e *Literacy in Theory and Practice*, de Brian Street (1984). Essa perspectiva [...] se consolidou nos anos de 1990 sob a denominação *New Literacy Studies*.
>
> [...]
>
> O binômio modelo autônomo–modelo ideológico foi proposto por Street (1984); esse mesmo autor, nessa mesma obra, desenvolveu o conceito de práticas de letramento, já anteriormente utilizado como unidade de análise em Scribner e Cole (1981); o conceito de evento de letramento foi proposto por Heath (1982 e 1983); uma discussão recente sobre os dois conceitos e suas relações pode ser encontrada em Barton (1994) e em Street (2001).[57]

No "modelo autônomo", a tendência é enfocar a dimensão técnica e individual do letramento e considerar as atividades de leitura e escrita como neutras e universais, independentes dos determinantes culturais e das estruturas de poder que as configuram, no contexto social. Nesse sentido, pode-se pensar em letramento, no singular.

---

[57] SOARES, Magda. Letramento e escolarização. In: RIBEIRO, Vera Masagão (Org.), op. cit., p. 89-113, 104. Além dos já indicados na citação, os demais autores e respectivos títulos citados por Soares são: SCRIBNER, Sylvia; COLE, Michel. *The Psychology of Literacy*. Cambridge: Harvard University Press, 1981; HEATH, Shirley B. Protean shapes in literacy events: ever-shifting oral and literate traditions. In: TANNEM, D. (Ed.) *Spoken and Written Language:* exploring orality and literacy. Norwood, N. J.: Ablex, 1982, p. 91-117; BARTON, David. *Literacy:* an introduction to the ecology of written language. Oxford: Blackwell, 1994; e STREET, Brian V. Introduction. In: _____. (Ed.) *Literacy and development*: ethnografic perspectives. London: Routledge, 2001. p. 1-17.

EDUCAÇÃO E LETRAMENTO

> A característica da "autonomia" refere-se ao fato de que a escrita seria, nesse modelo, um produto completo em si mesmo, que não estaria preso ao contexto de sua produção para ser interpretado; o processo de interpretação estaria determinado pelo funcionamento lógico interno ao texto escrito [...]
>
> Assim, a escrita representaria uma ordem diferente de comunicação, distinta da oral [...]
>
> O modelo autônomo tem a agravante de atribuir o fracasso e a responsabilidade por esse fracasso ao indivíduo que pertence ao grupo dos pobres e marginalizados nas sociedades tecnológicas. [...][58]

Do ponto de vista individual, ainda, parece ser mais fácil definir quais habilidades e conhecimentos caracterizam uma pessoa alfabetizada, ou seja, que domina a "tecnologia" do ler e escrever. Mesmo assim, considerando-se a alfabetização como um *continuum,* tais critérios são sempre marcados por certa arbitrariedade, como se observa, por exemplo, nas perguntas feitas nos censos populacionais ou nas avaliações escolares; em ambos os casos, os resultados indicam um estado ou uma condição pessoal supostamente passível de medida precisa e indicativos de uma separação radical entre dois estados ou condições dicotômicas: analfabeto x alfabetizado.

Como alternativa a esse "modelo autônomo", o "modelo ideológico" enfoca a dimensão social do letramento, apresentando diferentes versões em que o conceito de letramento se fundamenta, ou "[...] em seu valor pragmático, isto é, na necessidade de letramento para o efetivo funcionamento da sociedade [...], ou em seu poder

---

58 KLEIMAN, Ângela. Modelos de letramento e as práticas de alfabetização na escola. In: _____. *Os significados do letramento:* uma nova perspectiva sobre a prática social da escrita. Campinas: Mercado de Letras, 1995. p. 22, 38.

'revolucionário', ou seja, em seu potencial para transformar relações e práticas sociais injustas [...]".[59]

Aqueles que enfatizam o valor pragmático baseiam-se em uma interpretação (liberal) de letramento como adaptação, como ocorre, por exemplo, com o conceito de "letramento funcional" ou "alfabetização funcional", adotado nas recomendações da Unesco com base em estudo realizado por William Gray, em 1956, e posteriormente retomado por outros pesquisadores. Como alternativa a essa interpretação liberal, os que enfatizam o poder "revolucionário" baseiam-se em uma interpretação (política e ideológica) de letramento como potencial de transformação social, como propõem, de forma menos ou mais radical, pesquisadores estrangeiros americanos e ingleses (tais como B. V. Street e C. Lankshear), e o educador brasileiro Paulo Freire.

> Enquanto que, na interpretação liberal, progressista [...], letramento é definido como o conjunto de habilidades necessárias para "funcionar" adequadamente em práticas sociais nas quais a leitura e a escrita são exigidas, na interpretação radical, "revolucionária", letramento não pode ser considerado um instrumento neutro a ser usado nas práticas sociais quando exigido, mas é essencialmente um conjunto de práticas socialmente construídas que envolvem a leitura e a escrita, geradas por processos sociais mais amplos, e responsáveis por reforçar *ou* questionar valores, tradições e formas de distribuição de poder presentes nos contextos sociais.[60]

Nas diferentes versões desse modelo ideológico, leitura e escrita são consideradas atividades eminentemen-

---

59 SOARES, Magda. Letramento: como definir, como avaliar, como medir. Op. cit., p. 61-125, 78, grifos da autora.
60 Idem, p. 61-125, 74, grifos da autora.

te sociais, que variam no tempo e no espaço e dependem do tipo de sociedade, bem como dos projetos políticos, sociais e culturais em disputa.

Não existe, assim, um único tipo de letramento. Além de ser um *continuum*, em sua dimensão social, letramento é, sobretudo, um conjunto de práticas sociais em que os indivíduos se envolvem de diferentes formas, de acordo com as demandas do contexto social e das habilidades e conhecimentos de que dispõem.

> Aqueles que priorizam, no fenômeno letramento, a sua dimensão social, argumentam que ele não é um atributo unicamente ou essencialmente pessoal, mas é, sobretudo, uma prática social: letramento é o que as pessoas *fazem* com as habilidades e conhecimentos de leitura e escrita, em determinado contexto, e é a relação estabelecida entre essas habilidades e conhecimentos e as necessidades, os valores e as práticas sociais.[61]

Nessa dimensão social, são também plurais os eventos de letramento e as práticas de letramento, duas faces de uma mesma realidade.

> Eventos de letramento são "situações em que a língua escrita é parte integrante da natureza da interação entre participantes e de seus processos de interpretação (Heath, 1982, p. 93)". Essa interação pode ocorrer oralmente, com a mediação da leitura ou da escrita, estando os interlocutores face a face, ou a distância, com a mediação de um texto escrito.
>
> Práticas de letramento são "tanto os comportamentos exercidos pelos participantes num evento de letramento quanto as concepções sociais e culturais que o configuram, determinam sua interpre-

---

61 Idem, p. 61-125, 72, grifos da autora.

tação e dão sentido aos usos da leitura e/ou escrita naquela particular situação" (Street, 1995, p. 2). [62]

Envolvendo diferentes tipos de material escrito, esses eventos e práticas fazem parte naturalmente das experiências vividas pelas pessoas e grupos sociais em sociedades letradas. E são múltiplos e diversos, pois dependem das formas como as pessoas e grupos sociais integram a língua escrita em seu cotidiano e dos processos e estratégias interpretativas utilizadas pelos participantes de um processo de interação.

De um ponto de vista social, portanto, trata-se de considerar a existência de diferentes tipos de níveis de letramento, acentuando-se a dificuldade em definir quais habilidades e conhecimentos caracterizam uma pessoa letrada e tornando pouco explicativas e muito simplificadoras as dicotomias: analfabeto x alfabetizado, analfabetismo x letramento, letrado x iletrado.

Em se tratando de sociedades letradas, ou que têm algum tipo de contato com elas, não se pode afirmar que exista um nível zero de letramento, nem uma distinção precisa entre letramento e analfabetismo, nem, tampouco, iletrados absolutos. Assim também não se pode fazer distinção radical entre usos orais e usos escritos da língua, uma vez que esses usos se interpenetram. Mesmo adultos ou crianças analfabetos ou pertencentes a grupos com cultura predominantemente oral podem ser considerados letrados em certo nível, porque podem utilizar em seu discurso oral características apontadas como

---

62 SOARES, Magda. Letramento e escolarização. In: RIBEIRO, Vera Masagão (Org.), op. cit., p. 89-113, 105. Para essas definições, a autora cita o livro de Shirley Heath já indicado e ainda STREET, Brian V. *Social Literacies*: critical approaches to literacy in development, ethnography and education. London: Longman, 1995.

exclusivas do discurso escrito, indicando sua imersão no letramento, por meio de práticas orais de socialização do escrito e de aprendizagem não escolar da cultura letrada. Ou, ainda, pode ocorrer que pessoas alfabetizadas tenham um baixo nível de letramento, chegando mesmo a ser consideradas iletradas.

Letramento e alfabetização

No entanto, somente o fato de ser alfabetizada não garante que a pessoa seja letrada; e somente o fato de viverem em uma sociedade letrada não garante a todas as pessoas formas iguais de participação na cultura escrita. O acesso à "tecnologia" do ler e escrever e, em decorrência, "[...] ao conhecimento, sobretudo o sistematizado que se encontra registrado em textos escritos", também não está igual e livremente disponível para todos.[63] Como vimos, os significados, usos, funções da leitura e escrita e as formas de produção, distribuição e utilização do material escrito e impresso também dependem do tipo de sociedade e dos projetos políticos, sociais e culturais em disputa em determinado momento histórico.

E, embora o letramento não seja consequência natural da alfabetização, pode-se considerar que "[...] o indivíduo letrado *e* alfabetizado é mais poderoso que o letrado não alfabetizado".[64] Isso não significa concluir ingenuamente que a condição de alfabetizado *e* letrado, por si só, seja suficiente para garantir o exercício pleno da cidada-

---

63 TFOUNI, Leda V. *Adultos não alfabetizados*: o avesso do avesso. Campinas: Pontes, 1988. p. 28, 97.
64 Idem, p. 97, grifos da autora.

nia, sobretudo se considerarmos os elevados números da pobreza e da miséria, que vêm aumentando e se traduzem em grande contingente de excluídos sociais e culturais em nosso país. Nas atuais condições, porém, deve-se considerar a existência de certa relação entre letramento, alfabetização, escolarização e educação.

Enquanto habilidades e conhecimentos individuais, a leitura e a escrita precisam ser ensinadas e aprendidas, e a escola continua sendo uma das agências privilegiadas — mas não a única — para o processo de aquisição da "tecnologia" da leitura e da escrita e para a promoção do letramento. É importante ressaltar, porém, alguns aspectos problemáticos nessa tradicional associação entre escola e alfabetização:

- o processo de escolarização inicial não se restringe à alfabetização;
- a escola não é a única instância em que pode ocorrer o processo de alfabetização; e
- o modelo de alfabetização escolar não serve indistintamente a crianças e a jovens e adultos.

A aquisição da leitura e da escrita, por si só, porém, não vem garantindo maior nível de letramento, e, por vezes, nem mesmo essa aquisição inicial está sendo efetivada ou garantida a todos os brasileiros. Pode-se considerar, assim, que a alfabetização e a escolarização, bem como a disponibilidade de uma diversidade de material escrito e impresso, em nosso contexto atual, são condições necessárias, mas não suficientes, para o letramento, tanto do ponto de vista individual quanto social.

Mesmo assim, não há total desvinculação entre letramento e alfabetização (escolar). Embora se trate de processos distintos, não se pode desconsiderar a relação de interdependência e indissociabilidade que se estabelece entre ambos. Com a introdução do conceito de "letramento" em nosso país, por um lado, foi-se configurando melhor a especificidade da alfabetização, que vinha tendendo a se diluir no conjunto de tentativas de ampliação de seus significados, a fim de contemplar as novas necessidades sociais de leitura e escrita; por outro lado, foram-se também configurando melhor os limites e o alcance do potencial explicativo do conceito, que vinha tendendo a se esgotar ante os novos desafios do persistente problema do analfabetismo.

Antes do surgimento da palavra letramento, e ainda hoje, usava-se/usa-se apenas a palavra alfabetização para referir-se à inserção do indivíduo no mundo da escrita, tornando-se sempre necessário, neste caso, explicitar que por "alfabetização" não se estava/está entendendo apenas a aquisição da tecnologia da escrita, mas, mais amplamente, a formação do cidadão leitor e escritor. O uso da palavra letramento vem distinguir os dois processos, por um lado garantindo a especificidade do processo de aquisição da tecnologia da escrita, por outro lado atribuindo não só a especificidade, mas também visibilidade ao processo de desenvolvimento de habilidades e atitudes de uso dessa tecnologia em práticas sociais que envolvem a língua escrita. Para programas de inserção de indivíduos no mundo da escrita, essa distinção é útil, sobretudo em países que ainda enfrentam altos índices de analfabetismo, como é o caso do Brasil; em países em que praticamente já não existem analfabetos, a distinção parece tornar-se desnecessária: na literatura de língua inglesa, uma única palavra *"literacy"* designa o processo de inserção no mundo da escrita, referindo-se tanto à aquisição da tecnologia quanto a seu uso competente nas práticas sociais de leitura e escrita.[65]

---

65 SOARES, Magda. Letramento e escolarização. In: RIBEIRO, Vera Masagão (Org.), op. cit., p. 89-113, 90-1.

Como vimos, enquanto processo, a alfabetização (escolar) é também um *continuum* ao longo do qual podem ocorrer diferentes níveis (individuais) de domínio das habilidades e conhecimentos envolvidos; mas seu *produto*, saber ler e escrever, pode ser prefixado, reconhecido e medido com certa objetividade, mas não sem certa arbitrariedade.

O letramento, por sua vez, é um *continuum* que envolve um processo permanente, cujo produto final não se pode definir nem prefixar, impossibilitando, como vimos, a distinção precisa entre analfabetismo e letramento e entre iletrado e letrado, do ponto de vista tanto individual quanto social.

Letramento e escolarização

A natureza distinta dos processos de alfabetização e letramento torna complexa a relação tanto entre ambos quanto entre letramento e escolarização, devendo-se ressaltar que esta última relação não parece tão óbvia quanto a anterior.

Nos critérios utilizados nos censos populacionais, vem-se buscando correlacionar o número de séries escolares concluídas com o nível de letramento/analfabetismo. No caso brasileiro, essa correlação tem resultado tanto na definição, por parte do IBGE, do índice de "analfabetismo funcional", considerando a escolaridade de menos de quatro anos de estudo, quanto na definição de níveis de letramento obtidos de acordo com os anos de estudo concluídos, como propõe Ferrari.[66] Há, ainda, em "trajeto inverso", o estudo do Inaf, que procura iden-

---

66 FERRARI, Alceu R. Analfabetismo e níveis de letramento no Brasil: o que dizem os censos?. *Educação & Sociedade*, Campinas, v. 23, n. 81, p. 21-48, dez. 2002 (Dossiê Letramento).

EDUCAÇÃO E LETRAMENTO

PROFESSORANDOS EM ATIVIDADE DE LEITURA NA BIBLIOTECA DA ESCOLA NORMAL DA PRAÇA DA REPÚBLICA, SÃO PAULO, 1929

HOMEM APRENDENDO A ESCREVER

tificar habilidades de letramento, definindo três níveis de alfabetismo, e, apenas posteriormente, relacionando-os com os graus de instrução correspondentes. Ressalta-se, nos dados deste último estudo, a correlação positiva entre grau de instrução e níveis de letramento. No entanto, "[...] embora os dados permitam concluir que a escolarização cumpre um papel fundamental na promoção das habilidades associadas ao letramento, indicam também que, em número não desprezível de casos, é negada a relação entre escolarização e tais habilidades".[67]

No contexto escolar, vem-se buscando relacionar alfabetização e letramento, o que tem resultado na introdução do termo, e possíveis práticas a ele relacionadas, em documentos oficiais, em livros didáticos e em ações de formação continuada de professores da educação básica, como já apontei.

É importante advertir que por introdução do letramento no âmbito das práticas escolares não se deve entender a mera substituição de "alfabetização" por "letramento", nem a alfabetização como pré-requisito para o letramento, equívocos por vezes observados nesses contextos. A relação entre esses termos e os correspondentes processos é bastante complexa e envolve diferentes problemas e preocupações, em especial a relação entre letramento social e letramento escolar e o processo de "pedagogização do letramento".

A partir de estudos de práticas escolares em contexto americano, alguns estudos realizados no contexto brasileiro vêm mostrando que é, predominantemente, o "[...] modelo autônomo de letramento que determina as práticas escolares, considerando-se a aquisição da escrita

---

67 SOARES, Magda. Letramento e escolarização. In: RIBEIRO, Vera Masagão (Org.), idem, p. 89-113, 99.

como um processo neutro, que, independentemente de considerações contextuais e sociais, deve promover aquelas atividades necessárias para desenvolver no aluno [...] como objetivo final do processo, a capacidade de interpretar e escrever textos abstratos, dos gêneros expositivo e argumentativo [...]". Tem-se, assim, na escola um agravamento das desigualdades sociais, pressupondo-se, ainda "[...] uma separação polarizada entre a oralidade e a escrita".[68]

Esse ponto de vista pode sugerir uma distinção precisa entre letramento escolar e letramento social. O mais adequado, no entanto, seria distinguir letramento escolar, que ocorre na escola e não é sinônimo de alfabetização, e letramento não escolar, que ocorre fora da escola, mas é também social, pois o contexto escolar é parte do contexto social.

Essa distinção entre letramento escolar e letramento não escolar vem sendo explicada fundamentalmente com base nos conceitos de práticas e eventos de letramento, que, como vimos acima, são múltiplos e diversos e fazem parte naturalmente das experiências vividas pelas pessoas e grupos sociais, em sociedades letradas. Diferentemente, porém, do que ocorre na vida cotidiana, a escola, ao autonomizar as atividades de leitura e escrita, cria eventos e práticas de letramento, mas com natureza, objetivos e concepções que são específicos do contexto escolar.

No contexto escolar, esses eventos e práticas se tornam objetos de ensino e aprendizagem submetidos a uma organização sistemática e metódica, mediante processo de seleção e estabelecimento, de acordo com cri-

---

68 KLEIMAN, Ângela. Modelos de letramento e as práticas de alfabetização na escola. In: _____. *Os significados do letramento*: uma nova perspectiva sobre a prática social da escrita. Campinas: Mercado de Letras, 1995. p. 44-5.

térios pedagógicos, de conteúdos e atividades a serem desenvolvidos e avaliados, visando a alcançar um objetivo primordial: a aprendizagem por parte do aluno.

Ocorre, assim, a "pedagogização do letramento", ou seja, um processo no qual práticas sociais de letramento se tornam, numa sequência ideal e predeterminada, práticas de letramento a ensinar, posteriormente, ensinadas, e, finalmente, adquiridas.

> [...] práticas de letramento *a ensinar* são aquelas que, entre as numerosas que ocorrem nos eventos sociais de letramento, a escola seleciona para torná-las objetos de ensino, incorporadas aos currículos, aos programas, aos projetos pedagógicos, concretizadas em manuais didáticos; práticas de letramento *ensinadas* são aquelas que ocorrem na instância real da sala de aula, pela tradução dos dispositivos curriculares e programáticos e das propostas dos manuais didáticos em ações docentes, desenvolvidas em eventos de letramento que, por mais que tentem reproduzir os eventos sociais reais, são sempre artificiais e didaticamente padronizados; práticas de letramento *adquiridas* são aquelas de que, entre as ensinadas, os alunos efetivamente se apropriam e levam consigo para a vida fora da escola.[69]

Nesse sentido, o letramento passa a integrar uma cultura especificamente escolar, entendida como certos eventos e práticas (de letramento) que, selecionados, organizados, normatizados e rotinizados sob o efeito dos imperativos de didatização, passam a constituir o objeto de uma transmissão deliberada no contexto das escolas.[70]

---

69 SOARES, Magda. Letramento e escolarização. In: RIBEIRO, Vera Masagão (Org.), idem, p. 89-113, 107-8, grifos da autora.

70 FORQUIN, Jean-Claude. *Escola e cultura*: as bases sociais e epistemológicas do conhecimento escolar. Trad. Guacira Lopes Louro. Porto Alegre: Artes Médicas, 1993, p. 167.

EDUCAÇÃO E LETRAMENTO

E, considerando que "[...] a aquisição da escrita e, posteriormente, a aquisição por meio dela de novos corpos de conhecimentos são as atividades que constituem a essência da escolarização nos moldes ocidentais",[71] no âmbito da realização de sua função educativa, mediante processo de transmissão cultural intencional, explícita e organizada às novas gerações e a partir de uma razão pedagógica essencialmente normativa e prescritiva, na escola brasileira tende-se a ensinar e aprender algo como uma imagem idealizada de letramento.

Dada a legitimidade e o valor intrínseco ainda conferidos à autoridade pedagógica da escola e do professor, mesmo o valor instrumental — relativo ao acesso à instrução e ao mundo público da cultura letrada — anunciado ou desejado para essa aprendizagem tende a ser substituído por um "valor em si" decorrente de uma finalidade restrita à própria aprendizagem escolar, integrando, assim, uma cultura escolar dotada de dinâmica própria e capaz de sair dos limites da escola para imprimir sua marca didática e acadêmica a todas as outras atividades, e, silenciosamente, acompanhar as pessoas em outras esferas de sua vida pessoal e social.

Como decorrência desse processo de pedagogização, tende a se consolidar certo conceito e correspondente modelo escolar de letramento, à semelhança do ocorrido com a alfabetização escolar (assim como com todas as demais matérias escolares), como vimos no Capítulo 3. Esse conceito e esse modelo, por sua vez, tendem a se disseminar, tornando-se padrão e parâmetro para o letramento social, por meio da imposição de comportamen-

---

71 RIBEIRO, Vera Masagão. *Alfabetismo e atitudes*: pesquisa com jovens e adultos, op. cit., p. 48.

tos escolares de letramento em contextos não escolares, inclusive, por exemplo, nos programas de alfabetização de jovens e adultos.

Não se pode, portanto, considerar a alfabetização como um pré-requisito para o letramento, nem reduzir letramento a um conceito escolarizado. Apesar dos problemas envolvidos, porém, não se pode também separar radicalmente o letramento escolar do letramento social, porque, sendo ambos partes do mesmo contexto social, hipoteticamente as experiências de leitura e escrita na escola acabam por habilitar a participação em experiências extraescolares de letramento. Assim como também não se pode separar radicalmente o letramento da alfabetização, da escolarização e nem, tampouco, da educação.

> [...] o conceito de letramento encerra, sem dúvida, um grande potencial para a reflexão sobre a educação escolar, indo além, inclusive, das questões específicas da área de língua portuguesa. Na sua acepção mais ampla, que remete às habilidades de compreensão e produção de textos e aos usos sociais da linguagem escrita, o letramento pode ser tomado como importante eixo articulador de todo o currículo da educação básica. Entretanto, o vigor do conceito de letramento para a reflexão pedagógica não reside apenas no reconhecimento da centralidade da leitura e da escrita no interior da própria escola, mas principalmente no fato de que ele instiga os educadores — e a sociedade de maneira geral — a refletir sobre a relação entre a cultura escolar e a cultura no seu conjunto, sobre as relações entre os usos escolares e os demais usos sociais da escrita.[72]

> ■

---

72 RIBEIRO, Vera Masagão. Indicadores de analfabetismo. Introdução 2. Instituto Paulo Montenegro – Biblioteca. Disponível em http://ipm.org.br. Acesso em 26 mar. 2004.

CONSIDERAÇÕES FINAIS

A respeito de questões tão complexas, não cabem conclusões definitivas, mas sempre é possível tentar algumas considerações que permitam, talvez, iniciar novas reflexões.

De acordo com os objetivos definidos para este livro, foram abordadas, nos capítulos anteriores, de uma perspectiva diacrônica e sincrônica e de forma sintética, as relações entre educação e letramento, com ênfase na situação brasileira.

O termo "letramento" é bem menos conhecido do que "educação", e, por isso, maior espaço acabou sendo inevitavelmente ocupado com considerações que permitissem compreender a introdução e as possíveis definições do termo "letramento" em nosso país, a partir da década de 1980. Embora menos "visível" no texto, a educação perpassou, de forma menos ou mais direta, todas as considerações apresentadas.

De uma perspectiva diacrônica, buscou-se localizar os momentos em que passaram a ser utilizadas, com significados relacionados com o tema deste livro, as palavras "analfabeto", "analfabetismo", "alfabetizar", "alfabetização", "alfabetizado", "alfabetismo", "letramento", "letrado" e "iletrado", correspondendo a determinados fatos e ideias e a determinadas formas de compreender os fenômenos que essas palavras vieram designar.

De uma perspectiva sincrônica, enfatizou-se o caráter ainda fluido e impreciso dos significados e definições de letramento, especialmente em textos de autores brasileiros que vêm exercendo significativa influência nas reflexões sobre o tema do letramento e suas relações com a alfabetização, com a escolarização e com a educação.

Do ponto de vista metodológico, a opção foi por apresentar uma síntese das principais questões envolvidas, utilizando para tanto dados e informações obtidos em diferentes fontes de consulta: censos demográficos, documentos oficiais, dicionários gerais e técnicos, textos de história da educação e da alfabetização e textos acadêmicos.

Na longa duração histórica aqui abordada, puderam-se constatar relações de semelhanças e diferenças entre os sentidos atribuídos às palavras "analfabeto", "analfabetismo", "alfabetizar", "alfabetização", "alfabetizado", "alfabetismo", "letramento", "letrado" e "iletrado". Tais sentidos resultaram de diferentes concepções, usos e finalidades (das antigas às modernas e contemporâneas) da leitura e da escrita — e os determinaram —, em estreita relação com as mudanças ocorridas nos processos de educação (escolar), nas relações entre cultura oral e cultura escrita e no contexto político, social e cultural do país.

Pôde-se constatar, ainda, que se passou tempo entre os momentos em que não saber ler e escrever pudesse ser sentido como uma ignorância particular, em que essa ignorância pudesse ser percebida como uma falta e em que essa falta pudesse ser reconhecida como uma necessidade social e política prioritária. Assim também, passou-se tempo entre o momento em que essa necessidade social e política prioritária foi reconhecida como tal por governantes, educadores e intelectuais e o momento em que pudessem começar a satisfazer tal necessidade e suas decorrentes demandas com um projeto de educação (escolar) e de ensino-aprendizagem da leitura e escrita; e aquele no qual se conseguisse ampliar significativamente o atendimento da crescente demanda por escolarização e os professores começassem a dominar e aplicar em grande escala as rotinas que permitiram a difusão desse ensino, visando a garantir o direito de todos à alfabetização.[73]

E, finalmente, passou-se tempo entre esses momentos e aquele em que se pôde deslocar o eixo das reflexões teóricas sobre os problemas envolvidos no ensino da leitura e escrita, a partir de nova possibilidade de ver, de conhecer e de explicar essa "[...] nova realidade social em que não basta apenas saber ler e escrever, é preciso também fazer uso do ler e do escrever, saber responder às exigências de leitura e escrita que a sociedade faz continuamente".

Em outras palavras, passou-se tempo entre o longo processo histórico de surgimento das palavras "analfabeto", "analfabetismo", "alfabetizar", "alfabetização", "alfabetizado" em nosso país e aquele em que, embora essas palavras não tenham sido abandonadas, pôde-se constatar certo esgotamento de suas possibilidades teóricas e práticas, propiciando o surgimento das palavras "letramento"/ "alfabetismo", "letrado" e "iletrado", nos sentidos que lhes

---

73 Essas considerações baseiam-se em: HÉBRARD, Jean. Três figuras de jovens leitores: alfabetização e escolarização do ponto de vista da história cultural. In: ABREU, Márcia. (Org.) *Leitura, história e história da leitura*. Campinas: Mercado de Letras/ Associação de Leitura do Brasil; São Paulo: Fapesp, 1999. p. 33-78.

atribuem pesquisadores brasileiros contemporâneos. E também se passou tempo entre o longo processo histórico de criação da escola como agência privilegiada para a alfabetização e a instrução e aquele em que se ampliaram o conceito de educação e as práticas educativas que visam a resgatar uma dívida histórica com os excluídos da participação social, cultural e política no Brasil.

Após quinhentos anos de história, chegamos ao século XXI com uma população de aproximadamente 170 milhões de habitantes e, no plano social, muitíssimas dívidas e perplexidades convivendo com algumas conquistas: uma taxa percentual de analfabetismo com tendência de queda e um elevado e, por vezes, controverso, número de vinte milhões de analfabetos; um significativo aumento nas taxas de escolaridade e escolarização e imensas dificuldades em se conseguir algo mais do que "alfabetizados", quando isto é possível.

E, na busca de explicações e soluções para esse tipo de problemas, com o esforço concentrado de pesquisadores, chegamos a uma avaliação mais contundente das possibilidades de alargar os conceitos de educação e de alfabetização. A história da educação e da alfabetização ainda continua; a do letramento está apenas começando; esperamos que com ela comece a se encerrar a história do analfabetismo no Brasil.

Educação e letramento são, hoje, portanto, conceitos e práticas inter-relacionados e complementares entre si. Além da contribuição para a reflexão sobre problemas culturais e sociais mais amplos, entre o conceito de letramento — que abrange os usos e funções sociais da leitura e da escrita em uma sociedade letrada —, e o conceito de educação — que abrange processos educativos que ocorrem não apenas em situação escolar, mas também em situações não escolares —, vêm-se evidenciando uma relação bastante fecunda e promissora, no sentido de avançarmos na conquista de direitos humanos básicos e que devem ser distribuídos igualmente entre todos, para o exercício pleno da cidadania.

Profundamente engajado nos acontecimentos de sua época, o dramaturgo e poeta alemão Bertold Brecht (1898-1956) soube encontrar instigantes respostas poéticas para problemas fundamentais da vida humana. Apesar de ter sido escrito em outro contexto e com outras finalidades, *Elogio do aprendizado,* um de seus poemas traduzido no Brasil e apresentado como epígrafe deste livro, pode sugerir instigantes respostas poéticas aos problemas fundamentais da vida humana aqui abordados.

GLOSSÁRIO

Observação: Devido às características da exposição do tema neste livro, os principais termos e expressões utilizados foram sendo definidos ao longo dos capítulos, indicando-se inclusive a pluralidade de conceitos e definições, quando foi o caso. Por essas razões, neste glossário constam apenas termos e expressões cuja definição explícita não foi inserida no texto, a fim de evitar digressões e dispersão de sentidos.

Escola Nova – Movimento de renovação educacional, originado em países europeus no final do século XIX e difundido no Brasil, de modo programático e institucional, a partir de meados da década de 1920. Dentre as principais inovações desse movimento estavam os métodos ativos, centrados no interesse do educando.

Estado – Embora não seja universal, esse conceito serve para indicar e descrever uma forma de ordenamento político surgida na Europa a partir do século XIII até o início do século XIX, tendo-se, depois, estendido a todo o mundo civilizado; Estado-nação.

Iluminismo – Movimento de ideias que se desenvolve especialmente na Europa, no século XVIII, denominado "Século das Luzes", e que visa a estimular o uso da razão ("luz", esclarecimento) para dirigir o progresso em todos os aspectos da vida humana.

Interacionismo linguístico – Perspectiva de análise centrada em uma concepção da linguagem como forma de interação humana, de que decorrem concepções específicas de leitura e escrita.

Liberalismo – Doutrina política que, de maneira geral, consiste na defesa do Estado liberal, cuja finalidade é garantir os direitos dos indivíduos contra o poder político, exigindo, para tanto, formas mais ou menos amplas de representação política.

Língua padrão ou norma culta – Variedade de uma língua que é considerada pelos falantes como a mais apropriada e mais legítima para uso nos contextos formais e educacionais.

Linguística – Estudo científico da natureza e estrutura da linguagem humana e das línguas particulares. Dependendo do ponto de vista do pesquisador, encontramos subdivisões da Linguística, como, por exemplo: fonética, fonologia, sintaxe, semântica, pragmática, análise do discurso, psicolinguística, sociolinguística.

Métodos analíticos – Maneira de se iniciar o ensino da leitura com unidades completas de linguagem, para posterior divisão em partes ou elementos menores; no *método da palavração* inicia-se esse ensino com palavras, que depois são divididas em sílabas e letras; no *método da sentenciação* inicia-se com sentenças inteiras, que são divididas em palavras, e estas, em sílabas e letras; no *método das histórias* (ou *de contos* ou da *historieta*) inicia-se com histórias completas para depois se orientar a atenção para sentenças, palavras, sílabas, letras; no *método global*, enfatiza-se inicialmente o imediato reconhecimento de palavras ou sentenças inteiras, e, ocasionalmente, pode ser identificado com os métodos da palavração, da sentenciação ou das histórias.

Métodos sintéticos – Maneira de se iniciar o ensino da leitura pelas partes ou elementos das palavras; no *método alfabético* ou *método da soletração* inicia-se esse ensino com a identificação das letras do alfabeto pelos seus nomes, formando-se depois sílabas e, com elas, palavras, até se chegar à leitura de sentenças ou histórias; no *método fônico*, enfatizam-se, inicialmente, as relações entre sons e símbolos gráficos, completando-se com a sequência anteriormente descrita.

Método monitorial-mútuo ou **Método lancastriano** – Sistema de ensino desenvolvido por Joseph Lancaster no início do século XIX, na Inglaterra e nos Estados Unidos, no qual o professor ensinava a monitores e cada um destes ensinava a cerca de dez alunos, podendo-se agrupar centenas de alunos em cada sala, tendo o professor como supervisor de todo o ensino.

Método intuitivo – Método de ensino baseado na intuição, envolvendo o estudo das coisas e dos fenômenos do ambiente e da vida dos alunos; "lições de coisas".

Métodos ativos – Métodos de ensino que se baseiam essencialmente na ideia de atividade, ou autoatividade, do aluno; envolvem métodos de trabalho coletivo e individual e são característicos do ideário da Escola Nova.

Neologismo — Em uma determinada língua, palavra ou expressão nova, ou palavra ou expressão antigas às quais se confere novo sentido.

Perspectiva diacrônica — Perspectiva de descrição e análise de fenômenos linguísticos, sociais e culturais, dentre outros, enfocados em seu desenvolvimento ao longo de um determinado período de tempo.

Perspectiva sincrônica — Perspectiva de descrição e análise de fenômenos linguísticos, sociais e culturais, dentre outros, enfocando-se suas características em um momento histórico determinado, que pode ser presente ou passado.

Psicogênese da língua escrita — Origem e desenvolvimento de processos mentais relacionados com a aquisição da leitura e da escrita.

Psicolinguística — Área interdisciplinar da psicologia e da linguística que investiga o comportamento linguístico e estuda as conexões entre linguagem e mente.

Psicologia genética — Psicologia do desenvolvimento; ramo da psicologia que estuda o comportamento pelo método genético, isto é, pela explicação ou compreensão do comportamento em termos da origem hereditária e histórica do desenvolvimento.

"Psicologia soviética" — Designação genérica para os estudos sobre a relação entre pensamento e linguagem desenvolvidos, sobretudo na primeira metade do século XX, por psicólogos soviéticos, como Lev S. Vigotsky e Alexander Luria.

SUGESTÕES DE LEITURA

CAMBI, Franco. *História da pedagogia*. São Paulo: UNESP, 1999.
Trata-se de um vasto compêndio de história da Pedagogia no mundo ocidental, da Antiguidade grega até os dias atuais, como parte de uma história da Educação. Nesta obra de referência, o autor aborda, além das ideias filosóficas em educação, as instituições, processos, costumes educativos e práticas escolares, buscando informar e ao mesmo tempo interpretar, objetivando, assim, ser não apenas uma síntese da história da Pedagogia e da Educação, mas também um instrumento de formação do intelectual-pedagogo.

EDUCAÇÃO & SOCIEDADE. Revista de Ciência da Educação. Campinas, v. 23, n. 81, dez. 2002. (Dossiê Letramento, p. 15-160)
Os textos desse periódico que interessam para a reflexão sobre o tema deste livro integram o Dossiê Letramento (p. 15-160). Nesse Dossiê, têm-se, além da elucidativa apresentação assinada por Magda Soares, cinco artigos de pesquisadores brasileiros (Alceu R. Ferraro, Vera M. Ribeiro, Cláudia L. Vóvio, Mayra P. Moura, Alicia Bonamino, Carla Coscarelli, Creso Franco, Ana Maria O. Galvão e Magda Soares) e um artigo de pesquisadora chilena (Maria Isabel Infante). Nesses artigos, abordam-se diferentes aspectos do tema letramento: análise, em perspectiva histórica, de dados censitários sobre alfabetização e analfabetismo no Brasil; avaliação de níveis de letramento de jovens e adultos egressos da escola; avaliação de níveis de letramento de estudantes em processo de escolarização; relações não dicotômicas entre oralidade e letramento; e letramento digital.

FREIRE, Ana Maria Araújo. *Analfabetismo no Brasil*. Da ideologia da interdição do corpo à ideologia nacionalista, ou de como deixar sem ler e escrever desde as Catarinas (Paraguaçu), Filipas, Madalenas, Anas, Genebras, Apolônias e Grácias até Severinos. São Paulo: Cortez; Brasília: Inep, 1989.
Aborda-se neste livro a história do analfabetismo no Brasil desde o período colonial até a década de 1930. Com base em extenso conjunto de documentos e de dados estatísticos e em bibliografia especializada, busca-se analisar e explicar o analfabetismo em nosso país como um fenômeno historicamente construído e determinado pelos fatores políticos e econômicos que caracterizaram a organização

da sociedade brasileira. As ideologias dominantes de exclusão e marginalização da maior parte da população em relação aos bens materiais e não materiais determinadas por essa infraestrutura foram sendo reproduzidas e sustentadas por uma educação restritiva, discriminatória e elitista, concretizando um clima ideológico propício para o "ostensivo analfabetismo brasileiro".

KLEIMAN, Ângela B. (Org.) *Os significados do letramento*: uma nova perspectiva sobre a prática social da escrita. Campinas: Mercado de letras, 1995.

Trata-se de uma coletânea de dez artigos escritos por autores brasileiros (Ângela Kleiman, Roxane Rojo, Sylvia Terzi, Stella Bartoni, Marta Khol de Oliveira, Inês Signorini, Izabel Magalhães, Maria de Lourdes Matêncio, Ivani Ratto) como resultados de pesquisas realizadas em nosso país, as quais analisam de diferentes perspectivas diversas concepções de letramento. O livro está dividido em quatro partes, nas quais são abordados os seguintes aspectos: concepções dominantes de letramento e sua relação com a pesquisa e o ensino da escrita; relações entre oralidade e escrita; relações do sujeito não escolarizado na sociedade brasileira; a ideologia do letramento na mídia e seus reflexos na constituição do indivíduo não escolarizado.

LOPES, Eliana Marta T.; FARIA FILHO, Luciano M.; VEIGA, Cynthia G. (Org.) *500 anos de educação no Brasil*. Belo Horizonte: Autêntica, 2000.

Trata-se de uma coletânea de 24 textos de diferentes autores, que abordam a história da educação brasileira desde o período colonial até os dias atuais, por meio de aspectos temáticos já consagrados na área e outros que vêm merecendo atenção mais recentemente: educação jesuítica, educação das mulheres, instrução elementar, ensino superior, educação profissional, educação de negros e de imigrantes, educação da infância, Escola Nova, profissão docente, políticas educacionais.

MORTATTI, M. R. L. *Os sentidos da alfabetização* (São Paulo – 1876/1994). São Paulo: UNESP; Brasília: MEC/Inep/Comped, 2000.

Este livro apresenta uma abordagem histórica da alfabetização, resultante de pesquisa documental e bibliográfica relativa às tematizações, normatizações e concretizações sobre os métodos de ensino da leitura e da escrita no estado de São Paulo, entre 1876 e 1994.

Propõem-se quatro momentos cruciais ao longo desse período, caracterizando-se cada um deles pelo predomínio de disputas a respeito do que se considerava o melhor e mais eficiente método: sintético, analítico e mistos, até a proposta de desmetodização desse ensino a partir da década de 1980. Na questão dos métodos, evidencia-se a disputa entre tradição e modernidade em alfabetização, entendida como ponto central e estratégico no âmbito de um projeto político liberal republicano.

RIBEIRO, Vera Masagão. (Org.) *Letramento no Brasil*: reflexões a partir do Inaf 2001. São Paulo: Global/Ação Educativa, 2003.
Trata-se de uma coletânea de textos de pesquisadores e especialistas em leitura, letramento e educação (Márcia Abreu, Luiz Percival L. Britto, Elizabeth D'Ângelo Serra, Magda Soares, Isabel Infante, Ana M. O. Galvão, Marta K. Oliveira, Cláudia L. Vóvio, Marília Carvalho, Mayra Moura, Alceu R. Ferraro, Ângela Kleiman), que comentam os resultados do Indicador Nacional de Alfabetismo Funcional (Inaf) de 2001, cujo objetivo é apurar as habilidades e práticas da população de jovens e adultos – em geral, entre 15 e 64 anos de idade – independentemente do nível de escolaridade ou de inserção atual em sistema formal de ensino. O livro está dividido em quatro partes, além da introdução. Nessas partes, comentam-se diferentes aspectos dos resultados da pesquisa do Inaf: sociedade da cultura escrita e políticas de leitura; letramento e educação, trajetória de leitores; problemas da pesquisa e da avaliação.

RIBEIRO, Vera Masagão. *Alfabetismo e atitudes*: pesquisa com jovens e adultos. Campinas: Papirus; São Paulo: Ação Educativa, 2001.
Trata-se de livro resultante de tese de doutorado, em que a autora apresenta e discute os resultados de pesquisa de caráter quantitativo e qualitativo envolvendo jovens e adultos paulistanos, e que contou com apoio da organização Ação Educativa. Enfocando a relação entre alfabetismo e atitudes, analisam-se as relações entre níveis de habilidades, usos da linguagem escrita e as dimensões atitudinais, tomando-se por base o desempenho dos sujeitos nas tarefas de leitura e escrita propostas, e apresentam-se decorrências do estudo para políticas educacionais e práticas pedagógicas, especialmente na educação de jovens e adultos.

SOARES, Magda. *Letramento*: um tema em três gêneros. Belo Horizonte: Autêntica, 1988.

Reunião de três textos da autora, de diferentes gêneros, com diferentes finalidades e escritos na década de 1990. O primeiro deles é um verbete publicado em 1996 na revista *Presença pedagógica* (Belo Horizonte), na seção "Dicionário crítico da educação", destinado a professores, com o objetivo de esclarecer o tema. O segundo é um texto didático para ser utilizado em cursos de atualização de professores, com o objetivo de provocar e orientar a reflexão sobre o tema. O terceiro é uma tradução do ensaio publicado em inglês, em 1992, por solicitação da Seção de Estatística da Unesco, em Paris, e destinado a profissionais responsáveis por avaliar e medir letramento e alfabetização.

SOARES, Magda. *Alfabetização e letramento*. São Paulo: Contexto, 2002.

Reunião de oito artigos que tratam de alfabetização e letramento, publicados entre 1985 e 1998 em diferentes periódicos brasileiros e que continuam sendo recorrentemente citados por estudiosos desses temas. Os artigos estão agrupados em três partes, de acordo com seu enfoque: concepções e práticas de alfabetização e letramento e a articulação de ambas. Embora não haja modificações nos textos, a autora propõe uma "releitura" desses artigos, expressa por meio da inclusão de notas introdutórias em cada artigo e de "paratextos", que acompanham o texto e contêm comentários indicativos da "releitura" que deles faz hoje a autora.

TFOUNI, Leda Maria V. *Adultos não alfabetizados*: o avesso do avesso. Campinas: Pontes, 1988.

Neste livro, a autora trata das relações entre escrita, alfabetização e letramento por meio da explicitação de alguns aspectos do desenvolvimento cognitivo de um grupo de adultos brasileiros não alfabetizados; o trabalho é resultado da investigação – baseada em uma abordagem central de caráter psicolinguístico – a respeito de como esses sujeitos usam a linguagem diante da tarefa específica de compreensão de raciocínios lógico-verbais. Evidencia que o letramento é questão complexa em sociedades letradas e que, no âmbito das relações entre pensamento e linguagem, não há total identificação entre analfabeto e iletrado.

QUESTÕES
PARA REFLEXÃO E DEBATE

- Em que contexto histórico e social e por que a escola se tornou a agência privilegiada para a educação e a instrução?
- Em que contexto histórico e social e por que a leitura e a escrita se tornaram práticas escolarizadas?
- O que significa "alfabetização"?
- Em que momento histórico de nosso país passaram a se utilizar as palavras "analfabeto", "analfabetismo", "alfabetizar", "alfabetização", alfabetizado"?
- Quais as relações entre a utilização dessas palavras e o contexto político, social, cultural e educacional?
- Quais as relações entre alfabetização e educação escolar?
- Por que foi introduzido no Brasil o termo "letramento"?
- O que significa "letramento"?
- Que dimensões e relações estão envolvidas no(s) conceito(s) de letramento?
- Quais as semelhanças e diferenças entre alfabetismo e letramento?
- Quais as semelhanças e diferenças entre alfabetização e letramento?
- Quais as relações entre letramento e educação escolar?
- Quando se pode considerar uma pessoa, criança ou adulto, "alfabetizada"?
- Quando se pode considerar uma pessoa, criança ou adulto, "letrada"?
- Quando se pode considerar uma pessoa, criança ou adulto, "alfabetizada" e "letrada"?
- É possível medir a alfabetização? E o letramento?
- Quais as implicações dessas reflexões na elaboração de políticas públicas e projetos pedagógicos para a educação escolar de crianças e a educação de jovens e adultos?
- Quais as relações entre "analfabeto"/"analfabetismo", "alfabetização"/ "alfabetizar"/ "alfabetizado" e "letramento"/ "letrado"?
- Quais as relações entre educação e letramento?

APÊNDICE*

QUADRO 1

EVOLUÇÃO DOS SIGNIFICADOS DAS PALAVRAS "ANALFABETO" E
"ANALFABETISMO", NOS DICIONÁRIOS GERAIS ABORDADOS

DICIONÁRIO DE LÍNGUA PORTUGUEZA, DE ANTONIO DE MORAES SILVA	*NOVO DICIONÁRIO DA LÍNGUA PORTUGUESA,* DE AURÉLIO B. H. FERREIRA	*DICIONÁRIO HOUAISS DA LÍNGUA PORTUGUESA*
Analphabeto. *S .m. O ignorante até das lettras do A, B, C.* (2ª., 1813, a 5ª. ed. , 1844)*; *o idiota, ignorante de lettras, que não sabe nem o a, b, c.* (6ª., 1858, e 7ª. ed., 1877-1878).*; *Pessoa que não conhece o alfabeto, que não sabe ler nem escrever, que não sabe o a, b, c.* § Também adj.: *homem analfabeto.* § *Muito ignorante, rude, estúpido, boçal.* (8ª. ed. 1891)"; **Analfabeto.**[1], adj. *(do gr. analphabetos). Que não conhece as letras; que não sabe ler nem escrever.* ‖ *Que não tem instrução primária.* ‖ *Rude, estúpido, boçal* ‖ *Muito ignorante* (10. ed., 1949) **Analfabeto.**[2] s. m. *(do anterior). Pessoa que não conhece o alfabeto, que não sabe ler nem escrever.* ‖ *Indivíduo muito ignorante* (10. ed., 1949)	**Analfabeto** [Do gr. *analphabeta*, 'aquele que não sabe nem o alfa nem o beta', pelo lat. *analphabetu.*] Adj. **1.** *Que não conhece o alfabeto.* **2.** *Que não sabe ler e escrever.*	**Analfabeto** *adj. s.m.* (a 1710) **1.** *Que ou aquele que desconhece o alfabeto, que ou aquele que não sabe ler nem escrever* **2.** *que ou aquele que não tem instrução primária* **3.** *p. ext.. que ou o que é muito ignorante, bronco, de raciocínio difícil.* **4.** *p. ext.* *que ou aquele que desconhece ou conhece muito mal determinado assunto.* **analfabeto funcional** PED pessoa alfabetizada apenas para entender na área na qual trabalha, a sua função, sendo completamente despreparada para entender textos ou problemas de outras áreas do saber, o que configura uma espécie de tecnicização do conhecimento. ANT. alfabetizado, como adjetivo, culto, polido.
Analfabetismo. *s. m.* (de analfabeto). *Desconhecimento do alfabeto; falta de instrução primária; estado ou carácter do que é analfabeto.* (10. ed., 1949)	**Analfabetismo.** *S. m.* *estado ou condição do analfabeto; falta absoluta de instrução.*	**Analfabetismo.** *s. m.* (1899) *estado ou condição do analfabeto; falta de instrução, sobretudo elementar (ler e escrever)* ETIM. analfabeto + -ismo; f. hist. 1899 *analphabetismo.* ANT. alfabetismo, instrução

EDUCAÇÃO E LETRAMENTO

QUADRO 2
EVOLUÇÃO DOS SIGNIFICADOS DAS PALAVRAS "ALFABETIZAR" E
"ALFABETIZAÇÃO", "ALFABETIZADO" E "ALFABETISMO", NOS DICIONÁ-
RIOS GERAIS ABORDADOS

DICIONARIO DE LÍNGUA PORTUGUEZA, DE ANTONIO DE MORAES SILVA	NOVO DICIONÁRIO DA LÍNGUA PORTUGUESA, DE AURÉLIO B. H. FERREIRA	DICIONÁRIO HOUAISS DA LÍNGUA PORTUGUESA
Alfabetizar. v. t. (de *alfabeto*). **Ensinar a ler.** || **Dar instrução primária** (10. ed., 1949)	**Alfabetizar**. V. t. d. **1.** *Ensinar a ler* [...] **2.** *Dar instrução primária* a P. **3.** *Aprender a ler por si mesmo.*	**Alfabetizar.** v. (1949) t. d. e pron. Ensinar a (alguém) ou aprender as primeiras letras; ministrar a (alguém) ou adquirir instrução primária. ETIM. alfabeto + -izar
Alfabetização. s. f. (de *alfabetizar*). *Acto ou efeito de alfabetizar.* || *Propagação da instrução primária.* (10. ed., 1949)	**Alfabetização**. S. f. *Ação de alfabetizar, de propagar o ensino da leitura.*	**Alfabetização.** Ato ou efeito de alfabetizar, de ensinar as primeiras letras.
Alfabetizado. adj. e p. p. (de *alfabetizar*). *Que aprendeu o alfabeto e os primeiros rudimentos da leitura e escrita.* || *Que recebeu instrução primária.* (10. ed., 1949)	**Alfabetizado**. [Part. de *alfabetizar*.] *Adj. e S. m. Que, ou aquele que sabe ler.*	**Alfabetizado.** *Adj. s. m.* (1949) *que ou aquele que aprendeu a ler e a escrever* ETIM. particípio de alfabetizar ANT. analfabeto
Alfabetismo. s. m. (de *alfabeto*). *Estado ou carácter dos que possuem instrução primária.* || Emprego das letras como símbolos. || Uso de certas letras como assinatura de nome ou pseudônimo. (10. ed., 1949)	**Alfabetismo**. *S. m.* **1.** Sistema de escrita pelo alfabeto. **2.** *Estado ou qualidade de alfabetizado.* **3** *Neologismo. Instrução primária*	**Alfabetismo.** s. m. **1.** sistema de escrita que tem por base o alfabeto, em oposição aos sistemas ideográficos **2.** *estado ou qualidade dos que foram alfabetizados* **3.** nível de instrução primária. ANT. analfabetismo

---

*   Os destaques em itálico indicam os significados que permanecem relativamente es-
táveis nos três dicionários; os destaques em sublinhado indicam as acepções ou os
trechos que foram suprimidos na edição de 1999 do *Aurélio*. No Houaiss, logo após a
entrada do verbete, há, por vezes, datas indicativas da primeira vez em que a palavra
foi registrada.

131

QUADRO 3
EVOLUÇÃO DOS SIGNIFICADOS DAS PALAVRAS "LETRAMENTO", "LETRADO" E "ILETRADO", NOS DICIONÁRIOS GERAIS ABORDADOS

DICIONARIO DE LÍNGUA PORTUGUEZA, DE ANTONIO DE MORAES SILVA	NOVO DICIONÁRIO DA LÍNGUA PORTUGUESA, DE AURÉLIO B. H. FERREIRA	DICIONÁRIO HOUAISS DA LÍNGUA PORTUGUESA
Letramento S. m. (de letra) Antigo. O mesmo que escrita. (10. ed., 1949)	**Letramento.** não consta	**Letramento.** s .m. (a 1899) **1.** ant. representação da linguagem falada por meio de sinais; escrita **2.** PED mesmo que alfabetização ('processo') **3.** (dec 1980) PED conjunto de práticas que denotam a capacidade de uso de diferentes tipos de material escrito, na acep. PED por influ. do ing. Literacy
Letrado.[1], adj. (do lat. litteratu). Que tem letras; versado em letras (10. ed., 1949) **Letrado.**[2] s. m. Literato, sábio, erudito. || jurisconsulto, doutor. (10. ed., 1949)	**Letrado.** [Do lat. litteratu] Adj. **1.** Versado em letras; erudito. S. m. Indivíduo letrado; literato. **3.** Por extensão. jurisconsulto.	**Letrado.** adj. s.m. (séc. XVIII) **1.** que ou aquele que possui cultura, erudição; que ou quem é erudito, instruído **1.1.** que ou aquele que possui profundo conhecimento literário; literato **2.** (dec. 1980) PED que ou aquele que é capaz de usar diferentes tipos de material escrito ANT. desletrado, iletrado.
Iletrado. adj. e s. m . (de in, pref. +letrado). Que ou aquele que tem poucas ou nenhumas letras; que não tem conhecimentos literários. || Que ou aquele a quem falta instrução; analfabeto. (10. ed., 1949)	**Iletrado.** [do lat. illiteratu] Adj. e s. m. **1.** Que ou aquele que não tem conhecimentos literários; iliterato. **2.** Analfabeto ou quase analfabeto.	**Iletrado.** adj. s.m. (1881) **1.** que ou aquele que, alfabetizado, é pobre de cultura literária; iliterato **2.** que ou aquele que não tem instrução escrita, não lendo nem escrevendo; analfabeto (ou quase)

EDUCAÇÃO E LETRAMENTO

QUADRO 4
SIGNIFICADOS DAS PALAVRAS EM ANÁLISE NO *DICIONÁRIO DE ALFABETIZAÇÃO* DE TH. L HARRIS E R. E. HODGES***

Analfabeto 1. *adj. incapaz de ler* **2. adj.** *incapaz de ler e escrever, em referência a: a. "aqueles totalmente faltos de conhecimentos em leitura/escrita"* (Venezky e cols., 1990) *Cp.* **analfabetismo. b.** uma pessoa "que não consegue ler nem escrever uma declaração curta e simples no seu dia a dia entendendo aquilo que eventualmente leu ou escreveu (Unesco, 1978). **c.** uma pessoa "que não pode envolver-se em todas aquelas atividades nas quais a lectoescrita é necessária para um funcionamento efetivo de seu grupo e comunidade e também para capacitá-la a continuar fazendo uso da leitura, da escrita e do cálculo matemático para seu próprio desenvolvimento e o de sua comunidade (Unesco, 1978). **3.** *adj.* pessoa que não corresponde às expectativas educacionais de um grupo social, em geral o grupo dominante; **instrução primária. 4.** *adj.* inculto; **5.** *adj.* sem competência em qualquer área do conhecimento; ignorante. **6.** *s. m. pessoa que não sabe ler nem escrever. Cp.* **Alfabetizado; letrado.**

Analfabetismo. *s. m.* **1.** *a incapacidade de ler ou escrever em uma língua; mais especificamente, "a incapacidade de usar a leitura e a escrita com facilidade na vida diária"* (Unesco, 1988). **2.** *falta de escolaridade.* **3.** *erro no uso esperado da língua; ignorância. Cp.* **lectoescrita.**

Alfabetizar. Não consta.

Alfabetização. *s.f.* **1.** *o ensino da lectoescrita.* **2.** *instrução primária.* **3.** "uma estratégia de liberação [que] ensina as pessoas a lerem não só a palavra mas também o mundo" (Freire, 1970); alfabetização ideológica.

Alfabetizado. *adj.* **1.** *capaz de ler e escrever;* " [...] como é modernamente usado, o termo carrega a conotação de um nível inferior de alguma qualidade" (Venezky e cols., 1990) **2.** relativo à capacidade de "usar a leitura e a escrita como meio de conscientizar-se da realidade e de ser capaz de transformá-la" (Freire *apud* Soares, 1993). Ver: **letrado. Cp. Analfabeto.**

Alfabetismo. Não consta.

Lectoescrita. *s. f.* **1.** *a capacidade de ler.* [Obs: segue-se longa citação de Venezky e colaboradores] **2.** (Unesco, 1951) (Gray, 1956; Unesco, 1957) (Scribner, 1984) **3.** (Unesco, 1962) (Unesco, 1978) **4.** competência em uma área específica, como por exemplo *lectoescrita* em computação. *Cp.* **Analfabetismo; desmotivação para a leitura; semianalfabeto.**

Lectoescrita funcional. 1. um nível de leitura e escrita suficiente para o dia a dia, mas não para uma atividade completamente autônoma. **2.** a aplicação das habilidades e conhecimento da leitura e escrita em responsabilidades adultas ou quase adultas no local de trabalho; [...] **3.** "o conhecimento e habilidades de leitura e escrita que permitem à pessoa engajar-se em todas aquelas atividades nas quais a lectoescrita é normalmente tida como certa dentro de sua cultura ou grupo" (Gray, 1956), posteriormente ampliada em documentos da Unesco.

Letrado. *adj.* **1.** que tem muito conhecimento; culto, instruído; ilustrado; erudito. **2.** em termos de uso da língua, marcado por uma expressão clara, refinada e que demonstra experiência no uso da palavra; literato. **3.** conhecedor de uma área de conhecimento, especialmente de Literatura; pessoa de muita leitura. Ver **alfabetizado.**

Iletrado. 1. Ver definições 1, 2 de *analfabeto* **2.** *sem escolaridade; que recebeu pouco ou nenhum ensino formal.*

■

CONHEÇA OUTROS LANÇAMENTOS
DA COLEÇÃO PARADIDÁTICOS UNESP

SÉRIE NOVAS TECNOLOGIAS
Da Internet ao Grid: a globalização do processamento
Sérgio F. Novaes e Eduardo de M. Gregores
Energia nuclear: com fissões e com fusões
Diógenes Galetti e Celso L. Lima
Novas janelas para o universo
Maria Cristina Batoni Abdalla e Thyrso Villela Neto

SÉRIE PODER
A nova des-ordem mundial
Rogério Haesbaert e Carlos Walter Porto-Gonçalves
Diversidade étnica, conflitos regionais e direitos humanos
Tullo Vigevani e Marcelo Fernandes de Oliveira
Movimentos sociais urbanos
Regina Bega dos Santos
A luta pela terra: experiência e memória
Maria Aparecida de Moraes Silva

SÉRIE CULTURA
Cultura letrada: literatura e leitura
Márcia Abreu
A persistência dos deuses: religião, cultura e natureza
Eduardo Rodrigues da Cruz
Indústria cultural
Marco Antônio Guerra e Paula de Vicenzo Fidelis Belfort Mattos
Culturas juvenis: múltiplos olhares
Afrânio Mendes Catani e Renato de Sousa Porto Gilioli

SÉRIE LINGUAGENS E REPRESENTAÇÕES
O verbal e o não verbal
Vera Teixeira de Aguiar
Imprensa escrita e telejornal
Juvenal Zanchetta Júnior

SÉRIE EDUCAÇÃO
Políticas públicas em educação
João Cardoso Palma Filho, Maria Leila Alves e Marília Claret
  Geraes Duran
Educação e tecnologias
Vani Moreira Kenski
Educação e letramento
Maria do Rosário Longo Mortatti
Educação ambiental
João Luiz Pegoraro e Marcos Sorrentino

SÉRIE EVOLUÇÃO
Evolução: o sentido da biologia
Diogo Meyer e Charbel Niño El-Hani
*Sementes: da seleção natural às modificações genéticas
  por intervenção humana*
Denise Maria Trombert de Oliveira
O relacionamento entre as espécies e a evolução orgânica
Walter A. Boeger
*Bioquímica do corpo humano: para compreender a linguagem
  molecular da saúde e da doença*
Fernando Fortes de Valencia
Avanços da biologia celular e molecular
André Luís Laforga Vanzela

SÉRIE SOCIEDADE, ESPAÇO E TEMPO
Trabalho compulsório e trabalho livre na história do Brasil
Ida Lewkowicz, Horacio Gutiérrez e Manolo Florentino
Imprensa e cidade
Ana Luiza Martins e Tania Regina de Luca
Redes e cidades
Eliseu Savério Sposito
Planejamento urbano e ativismos sociais
Marcelo Lopes de Souza e Glauco Bruce Rodrigues

SOBRE O LIVRO

Formato: 12 x 21 cm
Mancha: 20,5 x 38,5 paicas
Tipologia: Fairfield LH 11/14
Papel: Offset 75 g/m² (miolo)
Cartão Supremo 250 g/m² (capa)
1ª edição: 2004

EQUIPE DE REALIZAÇÃO

Coordenação de Produção
Fernando Santos e Sidnei Simonelli

Produção Gráfica
Anderson Nobara

Preparação de Original
Maria Sylvia Corrêa

Revisão de Texto
Fernando Santos

Projeto Gráfico e Diagramação
Crayon P&PG

Impressão e acabamento

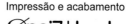